에듀윌과 함께 시작하면,
당신도 합격할 수 있습니다!

오랜 직장 생활을 마감하며 찾아온 앞날에 대한
에듀윌만 믿고 공부해 합격의 길에 올라선 50대

출산한지 얼마 안돼 독박 육아를 하며 시작한 도전!
새벽 2~3시까지 공부해 8개월 만에 동차 합격한 아기엄마

만년 가구기사 보조로 5년 넘게 일하다, 달리는 차 안에서도
포기하지 않고 공부해 이제는 새로운 일을 찾게 된 합격생

누구나 합격할 수 있습니다.
시작하겠다는 '다짐' 하나면 충분합니다.

마지막 페이지를 덮으면,

에듀윌과 함께
공인중개사 합격이 시작됩니다.

14년간 베스트셀러 1위
에듀윌 공인중개사 교재

기초부터 확실하게 기초/기본 이론

기초입문서(2종)

기본서(6종)

출제경향 파악 기출문제집

단원별 기출문제집(6종)

다양한 출제 유형 대비 문제집

기출응용 예상문제집(6종)

<이론/기출문제>를 단기에 단권으로 단단

단단(6종)

부족한 부분을 빠르게 보강하는 요약서/실전대비 교재

1차 핵심요약집+기출팩

임선정 그림 암기법
(공인중개사법령 및 중개실무)

오시훈 키워드 암기장
(부동산공법)

심정욱 합격패스 암기노트
(민법 및 민사특별법)

심정욱 핵심체크 OX
(민법 및 민사특별법)

합격을 위한 비법 대공개 합격서

이영방 합격서
부동산학개론

심정욱 합격서
민법 및 민사특별법

임선정 합격서
공인중개사법령 및 중개실무

김민석 합격서
부동산공시법

한영규 합격서
부동산세법

오시훈 합격서
부동산공법

신대운 합격서
쉬운 민법체계도

합격을 결정하는 파이널 교재

이영방 필살키

심정욱 필살키

임선정 필살키

오시훈 필살키

김민석 필살키

한영규 필살키

신대운 필살키

회차별 기출문제집
(2종)

실전모의고사
(2종)

더 많은
공인중개사 교재

* 해당 교재의 이미지는 변경될 수 있습니다.

공인중개사, 에듀윌을 선택해야 하는 이유

8년간 아무도 깨지 못한 기록
합격자 수 1위

합격을 위한 최강 라인업
1타 교수진

공인중개사

합격만 해도 연 최대 300만원 지급
에듀윌 앰배서더

업계 최대 규모의 전국구 네트워크
동문회

1위 에듀윌만의
체계적인 합격 커리큘럼

합격자 수가 선택의 기준, 완벽한 합격 노하우

온라인 강의

① 전 과목 최신 교재 제공
② 업계 최강 교수진의 전 강의 수강 가능
③ 합격에 최적화 된 1:1 맞춤 학습 서비스

쉽고 빠른 합격의 첫걸음 합격필독서 무료 신청

최고의 학습 환경과 빈틈 없는 학습 관리

직영 학원

① 현장 강의와 온라인 강의를 한번에
② 합격할 때까지 온라인 강의 평생 무제한 수강
③ 강의실, 자습실 등 프리미엄 호텔급 학원 시설

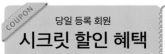

COUPON
당일 등록 회원
시크릿 할인 혜택

설명회 참석 당일 등록 시 특별 수강 할인권 제공

친구 추천 이벤트

"**친구 추천**하고 한 달 만에
920만원 받았어요"

친구 1명 추천할 때마다 현금 10만원 제공
추천 참여 횟수 무제한 반복 가능

※ "a*o*h****" 회원의 2021년 2월 실제 리워드 금액 기준
※ 해당 이벤트는 예고 없이 변경되거나 종료될 수 있습니다.

친구 추천 이벤트
바로가기

합격자 수 1위 에듀윌
6만 5천 건이 넘는 후기

고○희 합격생

부알못, 육아맘도 딱 1년 만에 합격했어요.

저는 부동산에 관심이 전혀 없는 '부알못'이었는데, 부동산에 관심이 많은 남편의 권유로 공부를 시작했습니다. 남편 지인들이 에듀윌을 통해 많이 합격했고, '합격자 수 1위'라는 광고가 좋아 에듀윌을 선택하게 되었습니다. 교수님들이 커리큘럼대로만 하면 된다고 해서 믿고 따라갔는데 정말 반복 학습이 되더라고요. 아이 둘을 키우다 보니 낮에는 시간을 낼 수 없어서 밤에만 공부하는 게 쉽지 않아 포기하고 싶을 때도 있었지만 '에듀윌 지식인'을 통해 합격하신 선배님들과 함께 공부하는 동기들의 위로가 큰 힘이 되었습니다.

이○용 합격생

군복무 중에 에듀윌 커리큘럼만 믿고 공부해 합격

에듀윌이 합격자가 많기도 하고, 교수님이 많아 제가 원하는 강의를 고를 수 있는 점이 좋았습니다. 또, 커리큘럼이 잘 짜여 있어서 잘 따라만 가면 공부를 잘 할 수 있을 것 같아 에듀윌을 선택했습니다. 에듀윌의 커리큘럼대로 꾸준히 따라갔던 게 저만의 합격 비결인 것 같습니다.

안○원 합격생

5개월 만에 동차 합격, 낸 돈 그대로 돌려받았죠!

저는 야쿠르트 프레시매니저를 하다 60세에 도전하여 합격했습니다. 심화 과정부터 시작하다 보니 기본이 부족했는데, 교수님들이 하라는 대로 기본 과정과 책을 더 보면서 정리하며 따라갔던 게 주효했던 것 같습니다. 합격 후 100만 원 가까이 되는 큰 돈을 환급받아 남편이 주택관리사 공부를 한다고 해서 뒷받침해 줄 생각입니다. 저는 소공(소속 공인중개사)으로 활동을 하고 싶은 포부가 있어 최대 규모의 에듀윌 동문회 활동도 기대가 됩니다.

다음 합격의 주인공은 당신입니다!

더 많은
합격 비법

처음에는 당신이 원하는 곳으로
갈 수는 없겠지만,
당신이 지금 있는 곳에서
출발할 수는 있을 것이다.

– 작자 미상

➕ 합격할 때까지 책임지는 개정법령 원스톱 서비스!

법령 개정이 잦은 공인중개사 시험. 일일이 찾아보지 마세요!
에듀윌에서는 필요한 개정법령만을 빠르게! 한번에! 제공해 드립니다.

에듀윌 도서몰 접속 (book.eduwill.net)	▶	우측 정오표 아이콘 클릭	▶	카테고리 공인중개사 설정 후 교재 검색

개정법령
확인하기

2 0 2 4

에듀윌 공인중개사

김민석
필살키

최종이론 & 마무리100선

부동산공시법

합격의 문을 여는
마지막 열쇠

마지막까지 포기하지 않고
합격의 길로 이끌어드리겠습니다.

약력
- 現 에듀윌 부동산공시법 전임 교수
- 前 방송대학TV(2013년~2019년) 강사
- 前 주요 공인중개사학원 부동산공시법 강사

저서
에듀윌 공인중개사 부동산공시법 기초입문서, 기본서, 단단, 합격서,
단원별/회차별 기출문제집, 핵심요약집, 기출응용 예상문제집, 실전모의고사,
필살키 등 집필

김민석T 인스타그램
(@kimminseok1207)

식물이 성장주기에 따라 싹이 터서 자라고 꽃이 펴서 결실을 맺는 것처럼 수험생도 비슷한 과정을 거칩니다. 공부를 시작해서 시련을 겪고 실력이 일정 단계에 오르면 합격하여 졸업합니다. 현재 여러분의 실력은 개화 단계에 있다고 봅니다. 조금만 더 현재의 공부 상태를 유지하면 합격의 결실을 맺을 수 있습니다. 여러분이 합격할 수 있도록 본서는 다음과 같은 특징으로 구성되었습니다.

첫째, 전체 내용을 포인트별로 구분하여 이론을 정리하였고, 이에 맞춰 부동산등기법 50문제, 공간정보관리법 50문제를 엄선하여 수록하였습니다. 이는 수업 시간에 강조했던 내용들과 출제 가능성이 높은 문제들만 마지막까지 정리할 수 있습니다.

둘째, 포인트별로 문제를 구성하여 내용을 정리하기 좋습니다. 문제는 각 포인트에서 출제 가능성이 높은 지문으로 구성하였으므로 학습하는 동안 적절한 긴장을 유지할 수 있습니다.

셋째, 최종이론은 100선에 직접 적용되는 이론과 100선을 보완하는 내용으로 구성했으므로 함께 보면 보다 효율적인 학습이 될 것입니다.

넷째, 그동안 실제 시험과 100선을 비교해 보면 적중률이 상당히 높았습니다. 시험의 트렌드를 분석하여 출제 경향을 반영하였으므로 그만큼 적중률이 높은 문제들을 학습할 수 있습니다.

필살키 마무리100선은 제가 맡고 있는 부동산공시법의 정수(精髓)입니다. 그만큼 정성을 들였고 그동안의 경험이 녹아있는 최고의 문제라고 자부합니다. 부동산공시법 공부를 소홀히 했거나, 열심히 했더라도 정리가 잘 안되었던 분들도 필살키로 충분히 정리할 수 있습니다. 저의 경험과 노하우를 흡수하여 여러분 모두 합격하기를 기원합니다.

김 민석

필살키 구성 및 특장점

더 간결하게 핵심만 모은 **최종이론**

필수이론만
POINT 단위로 정리

연계학습
이론 관련 마무리 100선
문제를 바로 확인

핵심 키워드를 색자로
표시하여 빠른 회독 가능

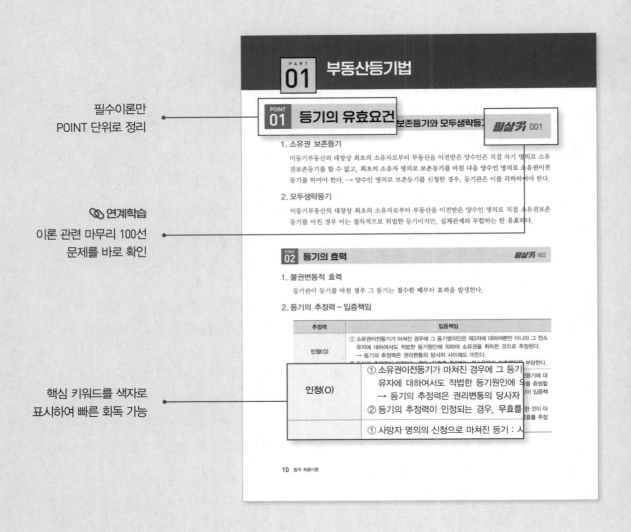

☑ 필살키만의 3가지 특장점

필 수이론만 담았다!

복잡한 머릿속을 단기간에 정리할 수 있도록 방대한 이론을 요약하고 또 요약했습니다.

살 을 덧붙이는 연계학습 구성!

필살키 문제에 [2024 에듀윌 김민석 합격서]의 페이지를 표기하여 더 상세한 이론을 신속히 확인할 수 있습니다.

키 (기)적의 마무리 100선!

올해 가장 출제가 유력해 보이는 문제만을 수록하여 합격을 위한 마지막 마무리를 할 수 있습니다.

꼭 필요한 문제만 담은 **마무리 100선**

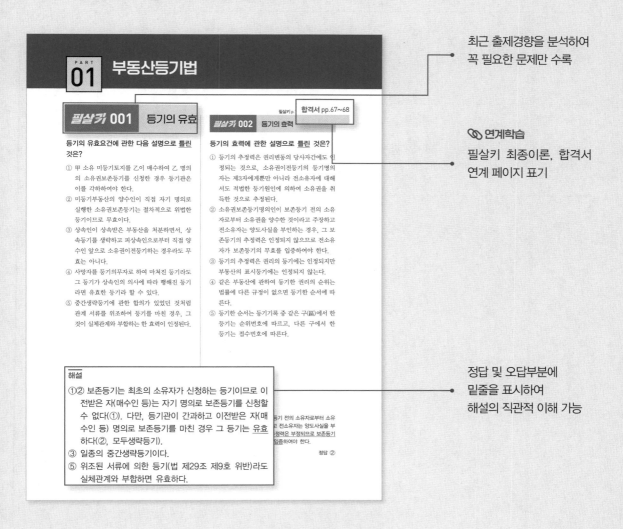

최근 출제경향을 분석하여
꼭 필요한 문제만 수록

PART 01 부동산등기법

필살기 001 등기의 유효

등기의 유효요건에 관한 다음 설명으로 틀린 것은?

① 甲 소유 미등기토지를 乙이 매수하여 乙 명의의 소유권보존등기를 신청한 경우 등기관은 이를 각하하여야 한다.
② 미등기부동산의 양수인이 직접 자기 명의로 실행한 소유권보존등기는 절차적으로 위법한 등기이므로 무효이다.
③ 상속인이 상속받은 부동산을 처분하면서, 상속등기를 생략하고 피상속인으로부터 직접 양수인 앞으로 소유권이전등기하는 경우라도 무효는 아니다.
④ 사망자를 등기의무자로 하여 마쳐진 등기라도 그 등기가 상속인의 의사에 따라 행해진 등기라면 유효한 등기라 할 수 있다.
⑤ 중간생략등기에 관한 합의가 있었던 것처럼 관계 서류를 위조하여 등기를 마친 경우, 그것이 실체관계와 부합하는 한 효력이 인정된다.

필살기 002 등기의 효력
필살키 p.
합격서 pp.67~68

등기의 효력에 관한 설명으로 틀린 것은?

① 등기의 추정력은 권리변동의 당사자간에도 인정되는 것으로, 소유권이전등기의 등기명의자는 제3자에게뿐만 아니라 전소유자에 대해서도 적법한 등기원인에 의하여 소유권을 취득한 것으로 추정된다.
② 소유권보존등기명의인이 보존등기 전의 소유자로부터 소유권을 양수한 것이라고 주장하고 전소유자는 양도사실을 부인하는 경우, 그 보존등기의 추정력은 인정되지 않으므로 전소유자가 보존등기의 무효를 입증하여야 한다.
③ 등기의 추정력은 권리의 등기에는 인정되지만 부동산의 표시등기에는 인정되지 않는다.
④ 같은 부동산에 관하여 등기한 권리의 순위는 법률에 다른 규정이 없으면 등기한 순서에 따른다.
⑤ 등기한 순서는 등기기록 중 같은 구(區)에서 한 등기는 순위번호에 따르고, 다른 구에서 한 등기는 접수번호에 따른다.

해설
①② 보존등기는 최초의 소유자가 신청하는 등기이므로 이전받은 자(매수인 등)는 자기 명의로 보존등기를 신청할 수 없다(①). 다만, 등기관이 간과하고 이전받은 자(매수인 등) 명의로 보존등기를 마친 경우 그 등기는 유효하다(②, 모두생략등기).
③ 일종의 중간생략등기이다.
⑤ 위조된 서류에 의한 등기(법 제29조 제9호 위반)라도 실체관계와 부합하면 유효하다.

① 전의 소유자로부터 소유
전소유자는 양도사실을 부
정력은 부정되므로 보존등기
입증하여야 한다.

정답 ②

연계학습
필살키 최종이론, 합격서
연계 페이지 표기

정답 및 오답부분에
밑줄을 표시하여
해설의 직관적 이해 가능

☑ 합격자들의 3가지 필살키 활용 TIP

TIP 1 단권화

필살키 교재를 최종 요약집으로 만들고 다회독하였어요!

합격자 장**

TIP 2 다회독

마무리 100선을 3번 이상 반복 학습한 것이 제 합격의 비결입니다!

합격자 나**

TIP 3 정답 키워드 찾기

정답 및 오답 키워드를 찾는 연습을 반복했더니 답이 보이기 시작했어요~

합격자 김**

필살키 KEY 차례

필살키 200% 활용법!

에듀윌 공인중개사 홈페이지(land.eduwill.net)에서 필살키를 교재로 활용하는
강의를 함께 수강해보세요!

강의 소개 및
수강신청 바로가기

합격
최종이론

POINT 01 등기의 유효요건 – 소유권보존등기와 모두생략등기 *필살카* 001

1. 소유권보존등기

미등기부동산의 대장상 최초의 소유자로부터 부동산을 이전받은 양수인은 직접 자기 명의로 소유권보존등기를 할 수 없고, **최초의 소유자 명의로 보존등기를 마친 다음 양수인 명의로 소유권이전등기를 하여야 한다.** → 양수인 명의로 보존등기를 신청한 경우, 등기관은 이를 각하하여야 한다.

2. 모두생략등기

미등기부동산의 대장상 최초의 소유자로부터 부동산을 이전받은 양수인 명의로 직접 소유권보존등기를 마친 경우 이는 절차적으로 위법한 등기이지만, 실체관계와 부합하는 한 **유효**하다.

POINT 02 등기의 효력 *필살카* 002

1. 물권변동적 효력

등기관이 등기를 **마친 경우** 그 등기는 **접수한 때**부터 효력을 발생한다.

2. 등기의 추정력 – 입증책임

추정력	입증책임
인정(○)	① 소유권이전등기가 마쳐진 경우에 그 등기명의인은 제3자에 대하여뿐만 아니라 그 전소유자에 대하여서도 적법한 등기원인에 의하여 소유권을 취득한 것으로 추정된다. → 등기의 추정력은 권리변동의 당사자 사이에도 미친다. ② 등기의 추정력이 인정되는 경우, **무효**를 주장하는 전소유자가 입증책임을 부담한다.
인정(×)	① 사망자 명의의 신청으로 마쳐진 등기 : 사망자 명의의 신청으로 마쳐진 이전등기에 대해서는 그 등기의 무효를 주장하는 자가 현재의 실체관계와 부합하지 않음을 증명할 책임이 있는 것이 아니라, 그 등기의 **유효**를 주장하는 소유권이전등기명의인이 입증책임을 부담한다. ② 원시취득이 아닌 보존등기 : 보존등기명의인의 소유권취득이 원시취득에 의한 것이 아닌 사실이 밝혀지면 보존등기의 추정력은 인정되지 않으므로 보존등기의 **유효**를 주장하는 보존등기명의인이 입증책임을 부담한다.

구분건물 등기기록의 구성 및 발급	① 1동의 건물을 구분한 건물에 있어서는 1동의 건물에 속하는 전부에 대하여 1개의 등기기록을 사용한다. ② 여기서 1개의 등기기록은 <u>1동의 건물에 대한 표제부</u>를 두고 <u>전유부분마다 표제부, 갑구, 을구</u>를 둔다. ③ 구분건물에 대한 등기사항증명서의 발급에 관하여는 **1동 건물의 표제부와 해당 전유부분**에 관한 등기기록을 **1개의 등기기록**으로 본다.
등기기록 및 부속서류의 열람·발급	① 누구든지 수수료를 내고 **등기기록**에 기록되어 있는 사항의 전부 또는 일부의 열람과 이를 증명하는 등기사항증명서의 발급을 신청할 수 있다. ② 등기기록의 부속서류(신청서, 계약서 등)에 대하여는 등기사항증명서의 <u>발급을 청구할 수 없고</u> 이해관계 있는 부분만 **열람**을 청구할 수 있을 뿐이다.

대지권 3종 세트	① **대목토**(대지권의 목적인 토지의 표시) : 1동 건물 등기기록의 표제부 ② **대표**(대지권의 표시) : 전유부분 건물 등기기록의 표제부 ③ **대뜻**(대지권이라는 뜻의 등기) : 대지권의 목적인 토지 등기기록의 해당 구 – 등기관의 직권등기
분리처분등기의 금지	① 대지권이 등기된 구분건물의 등기기록에는 건물만을 목적으로 하는 **전세권설정등기**를 할 수 있다. ② 대지권이 등기된 구분건물의 등기기록에는 건물만에 관한 **소유권이전등기**를 할 수 없다. ③ 소유권이 대지권인 경우에 대지권이라는 뜻의 등기가 되어 있는 토지의 등기기록에는 **전세권설정등기**를 할 수 있다. ④ 소유권이 대지권인 경우에 대지권이라는 뜻의 등기가 되어 있는 토지의 등기기록에는 **소유권이전등기**를 할 수 없다.

표제부등기 (1개월)	① 분할, 합병, 지목변경 등 부동산의 표시가 변경된 경우, 소유권의 등기명의인은 1개월 이내에 **부동산의 표시변경등기**를 신청하여야 한다. 위반 시 **과태료는 부과하지 않는다.** ② 존재하는 건물이 멸실된 경우 소유권의 등기명의인은 1개월 이내에 멸실등기를 신청하여야 한다.
지체 없이	① **존재하지 아니하는 건물**에 대한 등기가 있을 때에는 소유권의 등기명의인은 지체 없이 멸실등기를 신청하여야 한다. ② 규약상 공용부분의 **규약 폐지** 시 공용부분 취득자는 지체 없이 **소유권보존등기**를 신청하여야 한다.

POINT 06 관공서의 촉탁등기

특징	① **우편촉탁**이 가능하다. ② 관공서가 등기권리자 또는 등기의무자로 촉탁하는 경우 **등기필정보를 제공할 필요가 없다.** ③ 등기기록과 대장의 **부동산 표시가 부합하지 않더라도** 그 등기촉탁을 수리하여야 한다. ④ 관공서가 **거래의 주체**인 경우 **공동신청이 가능**하다.
비교	④와 비교 : 관공서 또는 법원의 **촉탁**으로 실행되어야 할 등기를 **신청하면** 그 등기신청은 **각하**된다. 예 • 가압류결정에 의하여 가압류채권자 **甲**이 乙 소유 토지에 대하여 가압류등기를 신청한 경우 　　등기신청은 각하된다. 　　• 관공서의 **공매처분**으로 인한 **권리이전의 등기를 매수인이 신청**한 경우 등기신청은 각하된다.

POINT 07 등기신청적격(= 등기신청의 당사자능력)

법인 아닌 사단· 재단	① 예 : 종중, 문중, 교회, 아파트입주자대표회의 등 ② 종중, 문중 그 밖에 대표자나 관리인이 있는 법인 아닌 사단이나 재단에 속하는 부동산의 등기 　에 관하여는 그 **사단이나 재단을 등기권리자** 또는 **등기의무자**로 한다. ③ 위의 등기는 그 **사단이나 재단의 명의**로 그 대표자 또는 관리인이 신청한다.
「민법」상 조합	① 「**민법**」상 조합을 등기의무자로 한 근저당권설정등기는 신청할 수 없지만, 채무자로 표시한 근저 　당권설정등기는 신청할 수 있다. (×) → 「민법」상 조합은 어떠한 경우에도 등기부에 기록되지 않 　는다. → 조합원 전원 명의로 등기한다. ② **합유자 중 1인의 지분**에 대한 가압류등기를 촉탁한 경우 각하된다. 합유자의 지분은 등기부에 　기록되지 않는다. ③ **합유자 중 1인**이 다른 합유자 전원의 동의를 얻어 합유지분을 처분한 경우, **합유명의인 변경등기** 　를 하여야 한다. → 이전등기(×)

POINT 08 절차법상의 등기권리자·등기의무자

의의	① '절차법상의 등기권리자'란 신청한 <u>등기가 실행됨으로써</u> **등기기록상** 권리의 취득 또는 이익을 　받는 자를 말한다. ② '절차법상의 등기의무자'란 신청한 <u>등기가 실행됨으로써</u> **등기기록상** 권리의 상실 또는 불이익을 　받는 자를 말한다. ③ 등기기록상 이익·불이익 여부는 **등기기록상 형식적**으로 판단한다.
사례	채무자 甲에서 乙로 소유권이전등기가 이루어졌으나 甲의 채권자 丙이 등기원인이 사해행위임을 이유로 <u>그 소유권이전등기의 말소판결</u>을 받은 경우, **그 판결에 따른 등기**에 있어서 절차법상의 등 기권리자는 甲이다.

성질상 단독신청	① 소유권보존등기, 소유권보존등기의 말소등기 ② 상속등기, 법인의 합병을 원인으로 하는 소유권이전등기 ③ 표제부등기(부동산의 표시변경등기, 멸실등기) ④ 등기명의인의 표시변경등기
판결에 의한 단독신청	① 단독신청할 수 있는 판결은 원칙적으로 **이행판결**을 의미한다. 다만, **공유물분할판결**은 형성판결이지만 단독신청을 할 수 있다. ② 확정판결임을 요하므로 **확정되지 않은** 가집행선고로 단독신청을 하지 못한다. ③ 판결이 확정된 지 10년이 지나도 **언제든지** 단독으로 등기를 신청할 수 있다. ④ 패소한 자는 단독신청을 하지 못하지만, 공유물분할판결은 패소한 자라도 등기를 신청할 수 있다. ⑤ 등기의무자의 **소재불명**으로 인하여 공동으로 말소등기를 신청할 수 없는 때에는 공시최고 후 **제권판결**을 받아 등기권리자가 **단독으로** 말소등기를 신청할 수 있다.

특징	매매계약 후 매도인(甲)이 사망한 경우, 매도인의 상속인 명의로 **상속등기를 하지 않고** 직접 매수인(乙) 명의로 소유권이전등기를 한다.
유사 구조	유증으로 인한 소유권이전등기는 포괄유증이든 특정유증이든 **상속등기를 하지 않고** 직접 수증자 명의로 등기를 신청하여야 한다.

채권자 대위신청	① 채권자대위권에 의한 등기신청의 경우, 대위채권자는 채무자의 등기신청권을 <u>자기(= 채권자)의 이름으로 행사</u>한다. ② 채권자대위신청의 경우 등기신청인은 등기권리자인 채무자(= 피대위자)가 아니라 **대위자인 채권자**이다. ③ 채권자에게는 **보전할 채권**이 존재하여야 하고, 채무자에게는 **등기신청권**이 있어야 한다. ④ 대위신청에 의하여 표제부 및 갑구·을구에 등기를 함에 있어서는 **대위자의 성명(명칭), 주소(사무소 소재지) 및 대위원인**을 기록하여야 한다. ⑤ 등기를 완료한 후 등기명의인을 위한 **등기필정보를 작성하지 않는다.** ⑥ 반면, 등기를 신청한 <u>대위채권자(= 신청인)</u> 및 등기권리자인 채무자에게 **등기완료의 사실을 통지**하여야 한다.
멸실등기의 대위신청	건물소유자와 대지소유자가 다른 상태에서 건물이 멸실된 경우, 건물소유권의 등기명의인이 **1개월 이내**에 멸실등기를 신청하지 아니하면 그 건물대지의 소유자가 건물소유권의 등기명의인을 대위하여 그 등기를 신청할 수 있다.

(1) 방문신청(e-Form신청을 포함)의 경우 임의대리인의 자격에 관하여는 제한이 없으므로 <u>자격자대리인이 아니라도 등기신청의 대리인이 될 수 있다.</u>

(2) 전자신청을 대리할 수 있는 자는 <u>자격자대리인(변호사나 법무사)</u>에 한한다.

(3) 매수인 乙은 매도인 甲을 대리하여 소유권이전등기를 신청할 수 있다(자기계약).

(4) 무권대리인의 등기신청은 각하사유에 해당하지만, 등기관이 이를 간과하고 실행한 등기가 실체관계와 부합하면 **유효**하다.

부동산의 표시	① 토지의 표시 : 소재, 지번, 지목, 면적 ② 건물의 표시 : 소재, 지번, 구조, 종류, 면적 등
신청인	① 대리인의 신청 : 대리인의 성명과 주소 제공(O), <u>주민등록번호 제공(×)</u> ② 법인의 신청 : 대표자의 성명과 주소 제공(O), <u>주민등록번호 제공(×)</u> ③ 법인 아닌 사단·재단의 신청 : 대표자나 관리인의 **성명, 주소, 주민등록번호 제공(O)**
임의적 제공사항	① **법령에 근거가 없는 특약사항**의 등기를 신청한 경우 그 신청은 **각하**된다. ② 공유물 분할금지약정이 있는 경우 이를 등기하지 않더라도 그 효력을 제3자에게 대항할 수 있다. (×) 　→ 임의적 사항은 등기를 하여야 **대항력이 발생**한다. ③ **등기원인**에 등기의 목적인 권리의 소멸약정이 있는 경우 그 사항을 **제공하여야** 한다. ④ **등기원인**에 공유물 분할금지약정이 있을 때에는 이를 **제공하여야** 한다. ⑤ 환매특약의 등기를 신청하는 경우 **등기원인**에 환매기간이 정하여져 있는 때에는 이를 제공하여**야 한다.**

등기필정보의 제공 및 작성·통지   *필살키* 016~017

등기필정보의 제공	① 등기필정보를 제공하는 경우 ※ 암기 : 필승의공 　공동신청 및 승소한 등기의무자가 단독신청한 경우 ② 등기필정보를 제공하지 않는 경우 　㉠ 단독신청 : 소유권보존등기, 상속등기, 등기명의인의 표시변경등기, 부동산의 표시변경등기 　㉡ 승소한 등기권리자가 단독신청하는 경우 　㉢ 관공서 촉탁등기 ③ 등기필정보를 분실한 경우 　㉠ 절대 재발급하지 않는다. 　㉡ 등기소에 직접 출석, 확인정보 등으로 갈음한다.
등기필정보의 작성·통지	① 새로운 등기권리자 기록 ※ 암기 : 보설이가추가 　새로운 권리자가 기록되지 않는 말소등기, 등기명의인의 표시변경등기 등은 등기필정보를 작성하지 　않는다. ② 그 등기권리자의 신청 : 등기권리자가 신청하지 않은 ㉠ 승소한 등기의무자의 단독신청, ㉡ 채권자 　대위신청, ㉢ 직권보존등기는 등기필정보를 작성하지 않는다.

농지취득자격증명 및 주소를 증명하는 정보   *필살키* 018

농지취득 자격증명	제공(O)	「신탁법」상 신탁으로 인한 소유권이전등기, 명의신탁 해지로 인한 소유권이전등기 등 ※ 암기 : 계소리
	제공(×)	법률의 규정 : 상속, 수용, 시효취득, 진정명의회복 등
주소증명정보		주소증명정보는 등기권리자만 제공하는 것이 원칙이지만, **소유권이전등기**만 등기권리자 및 등기의무자 둘 다 제공한다.

대장 및 부동산등기용등록번호   *필살키* 019

1. 대장 제공   ※ 암기 : 대표보이

　표제부등기(부동산의 표시변경등기, 멸실등기), 소유권보존등기, 소유권이전등기

2. 부동산등기용등록번호 부여기관   ※ 암기 : 재대하고 외출해서 법주 마시고 비시댄다

① 재외국민 : 대법원 소재지 관할 등기소의 등기관

② 외국인 : 지방출입국·외국인관서의 장

③ 법인 : 주된 사무소 소재지 관할 등기소의 등기관

④ 법인 아닌 사단·재단(국내에 영업소 설치등기를 하지 않은 외국법인) : 시장·군수·구청장

접수번호	등기신청 시 부여하는 접수번호는 1년마다 새로 부여한다.
동시신청	① 환매특약등기와 소유권이전등기는 **별개의 신청정보로 동시에** 신청하여야 한다. ② 신탁등기와 신탁으로 인한 소유권이전등기는 **동일한 신청정보로 동시에** 신청하여야 한다.

POINT 18 부동산의 일부와 소유권의 일부 *필살키* 021

구분	지상권, 지역권, 전세권, 임차권	소유권이전, 저당권, 가압류, 가처분
부동산의 일부	○	×
소유권의 일부 = 공유지분	×	○

POINT 19 등기신청의 각하 *필살키* 022~024

1. 사건이 등기할 것이 아닌 경우(법 제29조 제2호)

① 등기능력 없는 물건 또는 권리에 대한 등기를 신청한 경우(예 선박, 유치권, 주위토지통행권, 분묘기지권 등)

② **법령에 근거가 없는 특약**사항의 등기를 신청한 경우(예 지상권양도금지특약 및 지상권담보제공금지특약 등)

③ 구분건물의 전유부분과 대지사용권의 **분리처분 금지에 위반**한 등기를 신청한 경우
→ 대지권이 등기된 구분건물에 대하여 건물만을 목적으로 **소유권이전등기**를 신청한 경우

④ **농지를 전세권**설정의 목적으로 하는 등기를 신청한 경우

⑤ 저당권을 피담보채권과 **분리하여 양도**하거나, 피담보채권과 **분리하여 다른 채권의 담보**로 하는 등기를 신청한 경우   ※ 암기 : 나대지 말라

⑥ **일부지분에 대한 소유권보존등기**를 신청한 경우   ※ 암기 : 전원보상

⑦ 공동상속인 중 일부가 자신의 **상속지분만에 대한 상속등기**를 신청한 경우   ※ 암기 : 전원보상

⑧ 관공서 또는 법원의 **촉탁**으로 **실행되어야 할 등기**를 신청한 경우(예 가압류결정에 의하여 가압류채권자 甲이 乙 소유 토지에 대하여 가압류등기를 신청한 경우)

⑨ 이미 보존등기된 부동산에 대하여 **다시 보존등기**를 신청한 경우 → 중복등기

⑩ 그 밖에 신청취지 자체에 의하여 법률상 허용될 수 없음이 명백한 등기를 신청한 경우

2. 그 밖에 법률상 허용될 수 없음이 명백한 등기

구분	등기할 수 있는 경우	등기할 수 없는 경우(= 각하사유)
1	① 부동산 일부에 대한 용익권 ② 공유지분에 대한 이전등기, 저당권등기 등	① 부동산 일부에 대한 소유권이전, 저당권등기 ② 공유지분에 대한 용익권
2	수인의 가등기권리자 중 1인이 신청하는 자기지분만의 본등기 ※ 암기 : 지가유	수인의 가등기권리자 중 1인이 신청하는 가등기권리자 전원 명의의 본등기
3	가등기상 권리의 처분을 금지하는 가처분등기	가등기에 기한 본등기를 금지하는 가처분등기 ※ 암기 : 합격금지 가처분 ×
4	공유지분에 대한 저당권이나 가압류등기	합유지분에 대한 저당권이나 가압류등기
5	처분금지가처분등기 후 그에 반하는 소유권이전등기나 저당권설정등기의 신청은 각하사유가 아니다.	

3. 각하사유를 위반한 등기의 효력

구분	등기의 효력	직권말소
제1호·제2호 위반	절대적 무효	○
제3호 이하 위반	실체관계와 부합하면 유효	×

POINT 20 **이의신청** *필살키* 025

(1) 등기관의 결정에 이의가 있는 자는 **관할 지방법원**에 이의신청을 할 수 있다. 다만, 이의신청서는 등기소에 제출한다.

(2) **각하결정**에 대하여 제3자는 이의신청을 **할 수 없다**. 반면, 등기를 실행한 경우는 **이해관계 있는 제3자**도 이의신청을 **할 수 있다**.

(3) **결정 또는 처분 시**에 주장되거나 제출되지 아니한 **새로운 사실이나 새로운 증거방법**을 근거로 이의신청을 **할 수 없다**.

(4) 이의신청기간에는 제한이 없으므로, 이익이 있는 한 **언제든지** 이의신청을 할 수 있다.

(5) 이의신청에는 **집행정지**의 **효력이 없다**.

(6) 관할 지방법원은 이의신청에 대하여 **결정하기 전**에 등기관에게 가등기 또는 이의가 있다는 뜻의 부기등기를 명할 수 있다.

신청에 의한 소유권 보존등기	① 토지대장·임야대장·건축물대장에 최초의 소유자로 등록되어 있는 자 또는 그 상속인 그 밖의 포괄 승계인은 자기 명의로 보존등기를 신청할 수 있다. ② 확정판결에 의하여 자기의 소유권을 증명하는 자는 보존등기를 신청할 수 있다. ③ 수용으로 소유권을 취득하였음을 증명한 사업시행자는 그 명의로 소유권보존등기를 신청할 수 있다. ④ 특별자치도지사, 시장·군수·구청장의 확인에 의하여 건물의 소유권 있음을 증명한 자는 자기 명의로 소유권보존등기를 신청할 수 있다. → 토지(×) ⑤ 보존등기를 신청하는 경우, 등기원인과 그 연월일은 절대 제공하지 않는다.
직권에 의한 소유권 보존등기	① 미등기부동산에 대하여 법원의 처분제한등기(가압류등기, 가처분등기, 경매개시결정등기)의 촉탁이 있는 경우 등기관은 직권으로 보존등기를 한다. ② 미등기주택이나 상가건물에 대하여 법원의 임차권등기명령에 의한 임차권등기의 촉탁이 있는 경우 등기관은 직권으로 보존등기를 한다.

신청정보	신청정보로 거래가액을 제공한다.
첨부정보	첨부정보로 거래계약신고필증을 제공한다.
매매목록	거래부동산이 2개 이상이거나, 1개라 하더라도 여러 명의 매도인과 여러 명의 매수인 사이의 매매계약인 경우 매매목록을 제공한다.
거래가액	거래가액은 갑구의 권리자 및 기타 사항란에 기록한다.

미등기 부동산	특정유증	상속인 명의로 보존등기를 마친 후, 수증자 명의로 소유권이전등기를 하여야 한다.
	포괄유증	상속인 명의로 등기하지 않고 수증자 명의로 직접 보존등기를 할 수 있다.
등기된 부동산	특정유증	상속등기를 하지 않고 수증자 명의로 직접 소유권이전등기를 한다.
	포괄유증	

특징	① 신탁등기는 수탁자가 단독으로 신청한다. ② 신탁등기의 신청은 해당 신탁으로 인한 권리의 이전 또는 보존이나 설정등기의 신청과 함께 1건의 신청정보로 일괄하여 하여야 한다(= 동시신청). ③ 수익자나 위탁자가 수탁자를 대위하여 신탁등기를 신청하는 경우 동시신청을 요하지 않는다. ④ 신탁등기는 하나의 순위번호를 사용한다. ⑤ 수탁자가 수인인 경우 신탁재산은 합유이다. ⑥ 신탁재산이 수탁자의 <u>고유재산</u>이 되었을 때에는 그 뜻의 등기를 주등기로 하여야 한다.
신탁원부 기록의 변경등기	① 법원이 신탁 변경의 재판을 한 경우, 법원은 지체 없이 신탁원부 기록의 변경등기를 등기소에 촉탁하여야 한다. ② 등기관이 신탁재산에 속하는 부동산에 관한 권리에 대하여 수탁자의 변경으로 인한 이전등기를 할 경우, 등기관은 직권으로 그 부동산에 관한 신탁원부 기록의 변경등기를 하여야 한다.

1. 신청인

① 수용으로 인한 소유권이전등기는 등기권리자인 사업시행자가 단독으로 신청할 수 있다.

② 국가 또는 지방자치단체가 등기권리자인 경우에 국가 또는 지방자치단체는 지체 없이 수용으로 인한 소유권이전등기를 등기소에 촉탁하여야 한다.

2. 등기의 말소

수용으로 인한 소유권이전등기를 할 때에는 그 부동산의 등기기록 중 소유권 외의 권리 및 처분제한에 관한 등기가 있으면 그 등기를 등기관은 직권으로 말소하여야 한다.

구분	소유권이전등기	소유권 이외(지상권, 지역권, 전세권, 임차권, 저당권, 가압류, 가처분 등)
원칙	말소하지 않는다.	직권으로 말소한다.
예외	수용의 개시일 이후에 마쳐진 소유권이전등기는 직권으로 말소한다.	그 부동산을 위하여 존재하는 지역권등기는 직권말소의 대상이 아니다.

진정명의 회복	① 등기원인의 무효(가장매매, 원인무효 등)로 인해 진정한 소유자가 소유권을 회복하는 방법으로 소유권말소등기를 하지 않고 소유권이전등기를 한 경우 그 등기는 유효이다. 이를 진정명의회복을 위한 소유권이전등기라고 한다. ② 진정명의회복은 **법률의 규정**이므로 농지취득자격증명이나 토지거래허가증을 제공할 필요는 없다.
환매특약등기	① 환매특약등기 시 매매대금·매매비용은 필요적 사항이지만, 환매기간은 등기원인에 정해진 경우에만 기록하는 임의적 사항이다. ② 환매특약등기 신청정보는 소유권이전등기의 신청정보와 별개로 작성해서 동시에 신청하여야 한다.

공유	① 토지에 대한 공유물 분할약정으로 인한 소유권이전등기는 공유자가 **공동으로 신청**할 수 있다. ② 공유자 중 1인의 지분포기로 인한 소유권이전등기는 공유지분권을 포기하는 공유자를 등기의무자로 하고 다른 공유자를 등기권리자로 하여 **공동으로 신청**하여야 한다. ③ 등기된 공유물 분할금지기간을 단축하는 약정에 관한 변경등기는 공유자 전원이 **공동으로 신청**하여야 한다.
합유	① 합유재산에 대하여 합유자의 지분은 있지만 이를 등기하지 않는다. ② 합유지분에 대한 이전등기나 저당권설정등기, 가압류등기는 허용되지 않는다. ③ 합유자 중 1인은 합유자 전원의 동의를 얻으면 지분을 처분할 수 있는데, 이 경우 이전등기 형식으로 하는 것이 아니라 **합유명의인변경등기** 형식으로 실행한다.
총유	① **법인 아닌 사단·재단** 명의로 대표자나 관리인이 등기를 신청한다. ② 법인 아닌 사단·재단의 대표자나 관리인의 성명, 주소, 주민등록번호를 신청정보로 제공한다. ③ **사원총회결의서**는 법인 아닌 사단이 **등기의무자**로 신청하는 경우만 제공하고, 등기권리자로 신청하는 경우는 제공하지 않는다.

범위	용익권(지상권·지역권·전세권·임차권)을 부동산의 전부에 설정하든 일부에 설정하든 반드시 범위를 기록한다.
도면 제공	부동산 전부에 용익권을 설정할 때에는 도면을 제공하지 않지만, 부동산 일부에 설정할 때에는 도면을 제공한다.
구분지상권	동일 토지에 관하여 지상권이 미치는 범위가 서로 다른 2개 이상의 구분지상권을 그 토지의 등기기록에 각각 따로 등기할 수 있다. 이 경우 **지적도면의 제공을 요하지 않는다.**

지역권등기

필살키 034

신청·직권	① 승역지 : 요역지권리자(= 지역권자)를 등기권리자로 하고, 승역지권리자(= 지역권설정자)를 등기의 무자로 해서 지역권설정등기를 공동으로 신청한다. ② 요역지 : 요역지지역권은 등기관이 직권으로 등기한다.
필요적 기록사항	① 승역지 : 범위, 목적, 요역지 ② 요역지 : 범위, 목적, 승역지
지역권 실행	① 주등기 : 승역지의 소유자가 지역권을 설정하는 경우 ② 부기등기 : 승역지의 전세권자나 지상권자가 지역권을 설정하는 경우

전세권등기

필살키 035

전세권 일부이전	① 전세금반환채권의 일부양도를 원인으로 하는 전세권 일부이전등기의 신청은 전세권의 존속기간 만료 전에는 할 수 없다. ② 즉, 전세권이 소멸해야 전세금반환채권의 일부양도로 인한 전세권의 일부이전등기를 할 수 있다.
전세권부 저당권설정	① 전세권의 존속기간 만료 전에만 전세권에 대한 저당권설정등기를 할 수 있다. ② 전세권의 존속기간 만료 후에는 전세권에 대한 저당권설정등기를 할 수 없다.
필요적 기록사항	① 전세금과 범위는 필요적 기록사항이다. ② 전세권설정의 '목적'은 등기사항이 아니다.

임차권등기

필살키 036

기록사항	① 필요적 기록사항 : 차임, 범위 ② 임의적 기록사항 : 보증금은 등기원인에 정해져 있는 경우에만 기록하는 임의적 사항이다.
임차권 이전등기	① 임차권의 이전 및 임차물전대의 등기는 임차권등기에 부기등기의 형식으로 한다. ② 임차권등기명령에 의한 주택임차권등기나 상가건물임차권등기가 마쳐진 경우에는 그 등기에 기초한 임차권이전등기를 할 수 없다.
선례	이미 전세권설정등기가 마쳐진 주택에 대하여 법원의 주택임차권등기명령에 따른 등기의 촉탁이 있는 경우에 주택임차인이 대항력을 취득한 날이 전세권설정등기의 접수일자보다 선일(先日)이라면, 기존 전세권의 등기명의인과 임차권의 등기명의인으로 되려는 자가 동일한지 여부와는 상관없이 등기관은 그 촉탁에 따른 등기를 수리할 수 있다.

1. (근)저당권설정등기의 임의적 기록사항

구분	이자, 위약금, 변제기	존속기간
저당권	○	×
근저당권	×	○

2. 저당권이전등기

① 저당권이전등기를 신청하는 경우 신청서에는 저당권이 채권과 같이 이전한다는 뜻을 기록하여야 한다.

② 채권의 일부양도나 채권의 일부 대위변제로 인한 저당권의 일부이전등기를 하는 경우 **양도액이나 변제액을** 기록하여야 한다.

3. 저당권말소등기

① 저당권이 이전된 후 변제 등으로 저당권을 말소한 경우 현재의 **저당권자인 양수인만이** 등기의무자가 되고 종전의 저당권자는 등기의무자가 될 수 없다.

② 주등기인 저당권설정등기의 말소신청이 있는 경우 저당권이전의 부기등기는 등기관이 **직권으로** 말소한다.

③ 저당권설정등기 후 소유권이 제3자에게 이전된 경우 변제를 원인으로 한 저당권의 말소등기는 제3취득자 또는 저당권설정자가 등기권리자가 되고 저당권자가 등기의무자가 되어 공동으로 신청한다.

4. 공동저당권

① 공동저당의 목적 부동산이 5개 이상인 경우(추가적 공동저당도 포함) 등기관은 **공동담보목록을** 작성하여야 한다.

② 공동저당 부동산 중 일부의 매각대금을 먼저 배당하여 경매부동산의 후순위 저당권자가 대위등기를 할 때 **매각부동산, 매각대금** 및 선순위 저당권자가 **변제받은 금액을** 기록하여야 한다.

③ 공동저당의 대위등기는 **차순위 저당권자가 등기권리자가** 되고, **선순위 저당권자가 등기의무자**가 되어 공동으로 신청한다.

④ 공동저당의 대위등기는 선순위 저당권에 **부기등기로** 실행한다.

1. 부동산의 표시변경등기

신청	① 먼저 대장의 등록을 변경하고, 소유권의 등기명의인은 1개월 이내에 변경등기를 신청하여야 한다. 위반하더라도 과태료는 부과하지 않는다. ② 부동산의 <u>변경 전과 변경 후의 표시에 관한 정보</u>를 신청정보의 내용으로 등기소에 제공하여야 한다. 이 경우 대장을 첨부정보로 제공한다.　※ 암기 : 대표보이 ③ 부동산의 표시변경등기는 항상 주등기로 실행한다.
직권	<u>행정구역 또는 그 명칭이 변경되었을 때에는</u> 등기기록에 기록된 행정구역 또는 그 명칭에 대하여 변경등기가 있는 것으로 본다. 이 경우에 공시를 명확하게 하기 위하여 등기관은 직권으로 부동산의 표시변경등기를 할 수 있다.

2. 등기명의인의 표시변경등기

신청	① 등기명의인의 표시변경등기는 등기명의인이 단독으로 신청한다. ② 등기명의인의 표시변경등기는 항상 부기등기에 의한다.
직권	<u>행정구역 또는 그 명칭이 변경되었을 때에는</u> 등기기록에 기록된 행정구역 또는 그 명칭에 대하여 변경등기가 있는 것으로 본다. 이 경우에 공시를 명확하게 하기 위하여 등기관은 직권으로 등기명의인의 주소변경등기를 할 수 있다.

3. 권리의 변경등기

구분	대상
부기등기	① 등기상 이해관계인이 없는 경우 ② 이해관계인의 승낙서 또는 이에 대항할 수 있는 재판의 등본을 첨부한 경우
주등기	이해관계인의 승낙서 또는 이에 대항할 수 있는 재판의 등본을 첨부하지 못한 경우

1. 말소등기

특징	① 등기의 전부가 부적법하여야 한다. → 일부(×) ② 말소등기는 항상 주등기로 실행한다. ③ 말소등기의 말소등기는 할 수 없다. → 말소회복등기를 한다.
이해관계인	① 말소등기 시 이해관계인이 있는 경우 그 자의 승낙정보나 재판의 등본을 첨부하여야 한다. 첨부 하지 않으면 각하된다. ② 말소등기와 등기기록상 양립할 수 없는 자는 이해관계인이 될 수 없고, 말소의 대상이 될 뿐이다.

2. 이해관계인과 승낙서

구분	승낙서 첨부(○)	승낙서 첨부(×)
권리의 변경등기·경정등기	실행(부기등기)	실행(주등기)
말소등기·말소회복등기	실행	각하

말소등기 시 이해관계 있는 제3자의 승낙서가 첨부된 경우, 그 제3자 명의의 등기는 등기관이 직권으로 말소한다. → 단독신청(×)

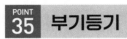

주등기	부기등기
① 소유권이전등기 ② 소유권을 목적으로 하는 권리에 관한 등기 　• 소유권 목적의 전세권, 지상권, 저당권설정등기 등 ③ 소유권에 대한 처분제한등기(가압류등기, 가처분등기, 경매개시결정등기)	① 소유권 외의 권리의 이전등기 　• 전세권이전등기, 저당권이전등기 　• 가등기상 권리의 이전등기 ② 소유권 외의 권리를 목적으로 하는 권리에 관한 등기 　• 전세권자가 설정한 저당권, 전전세 　• 권리질권(= 저당권부 채권질권) ③ 소유권 외의 권리에 대한 처분제한등기(가압류등기, 가처분등기 등) 　• 전세권에 대한 가압류등기 　• 가등기상의 권리에 대한 가압류등기
④ 표제부등기 　• 부동산의 표시변경등기, 멸실등기 ⑤ 모든 권리의 말소등기 ⑥ 전부말소회복등기 ※ 암기 : 전주일부	④ 환매특약등기 ⑤ 권리소멸약정등기 ⑥ 공유물 분할금지의 약정등기
−	⑦ 등기명의인의 표시변경등기 ⑧ 권리의 변경이나 경정등기. 다만, 등기상 이해관계 있는 제3자의 승낙이 없는 경우에는 주등기로 실행한다. ⑨ 일부말소회복등기　※ 암기 : 전주일부

1. 가등기의 의의

'가등기'란 등기되는 권리(소유권, 지상권, 지역권, 전세권, 임차권, 저당권, 권리질권, 채권담보권)의 (설정, 이전, 변경, 소멸)**청구권**을 보전하기 위한 임시적인 등기이다.

2. 가등기의 허용 여부

가등기할 수 있는 경우	가등기할 수 없는 경우
① 본등기할 수 있는 권리의 설정·이전·변경 또는 소멸의 청구권	소유권보존등기
② 채권적 청구권	물권적 청구권
③ 장래에 있어서 확정될 청구권 ④ 시기부 또는 정지조건부 청구권	종기부 또는 해제조건부 청구권
⑤ 가등기상의 권리에 대한 처분금지가처분등기	가등기에 기한 본등기금지의 가처분등기
⑥ 가등기상 권리의 이전등기는 부기등기 형식으로 실행한다.	

3. 가등기의 신청 및 말소

구분	원칙	예외(단독신청)
가등기 신청	공동신청	① 법원의 판결을 받은 경우 ② 법원의 가등기가처분명령정본을 첨부한 경우 ※ 암기 : 가가단 ③ 가등기의무자의 승낙서를 첨부한 경우
가등기 말소		① 가등기명의인이 신청한 경우 ② 가등기의무자나 등기상 이해관계인이 가등기명의인의 승낙서를 첨부한 경우

4. 가등기에 기한 본등기

등기권리자	① 하나의 가등기에 관하여 수인의 가등기권자가 있는 경우에 일부의 가등기권자가 자기의 지분에 관하여 본등기를 신청할 수 있다. ※ 암기 : 지가유 ② 하나의 가등기에 관하여 수인의 가등기권자가 있는 경우에 일부의 가등기권자가 공유물보존행위에 준하여 가등기 전부에 대한 본등기를 신청할 수 없다.
등기의무자	소유권이전가등기에 기한 본등기 신청의 등기의무자는 가등기 당시의 소유자이며, 가등기 후에 소유권을 취득한 제3취득자가 아니다. ※ 암기 : 그때 그 사람

5. 가등기에 기한 본등기 시 직권말소 여부

(1) 소유권이전청구권보전가등기에 기하여 소유권이전의 본등기를 한 경우

① 가등기 이후에 된 등기로서 가등기에 의하여 보전되는 청구권을 침해하는 등기를 **직권으로 말소**한다.

② 직권말소의 대상이 아닌 경우 : 다만, 다음에 해당하는 것들은 말소의 대상이 아니다.

> ㉠ 가등기 전에 마쳐진 저당권에 기한 임의경매개시결정등기 등
>
> ㉡ 해당 가등기상의 권리를 목적으로 하는 가압류등기나 가처분등기
>
> ㉢ 가등기권자에게 대항할 수 있는 주택임차권등기 등

(2) 저당권설정청구권보전가등기에 기하여 저당권설정의 본등기를 한 경우

본등기를 하더라도 어떤 등기도 말소의 대상이 아니다.　※ 암기 : 저는 괜찮아유~

(3) 지상권·전세권·임차권설정청구권보전가등기에 기하여 본등기를 한 경우　※ 암기 : 용용죽겠지

① 가등기 후 본등기 전에 마쳐진 **용익권**(지상권, 전세권, 임차권 등)은 직권말소된다.

② 가등기 후 본등기 전에 마쳐진 **용익권 외의 등기**(소유권이전, 저당권 등)는 직권말소의 대상이 아니다.

가압류등기 및 [처분금지]가처분등기

1. 가압류등기 및 (처분금지)가처분등기의 실행

① 가압류등기 및 가처분등기는 법원의 촉탁으로 실행한다.

② 가압류채권자나 가처분채권자가 가압류등기나 가처분등기를 신청한 경우 법 제29조 제2호 위반으로 각하된다.

2. 가압류등기 및 가처분등기 후 등기실행 가부

① 가압류등기가 마쳐진 이후라도 소유권이전등기, 저당권설정등기, 전세권설정등기 등 모든 등기는 **허용**된다.

② (처분금지)가처분등기가 마쳐진 이후라도 소유권이전등기, 저당권설정등기, 전세권설정등기 등 모든 등기는 **허용**된다.

3. 가처분등기 이후에 마쳐진 등기의 말소 방법

가처분채권자가 승소한 경우 가처분등기 이후에 마쳐진 등기는 **가처분채권자의 단독신청**으로 말소된다.   ※ 암기 : 판단

4. 가처분등기의 말소

가처분채권자의 승소에 따라 등기를 신청하면 그 가처분등기는 등기관이 **직권**으로 말소한다.

5. 가압류등기의 말소

가압류등기는 **법원의 촉탁**으로 말소하는 것이 원칙이다.

지적소관청의 직권에 의한 등록절차

필살키 051

토지이동현황 조사계획의 수립	① 지적소관청은 토지의 이동현황을 직권으로 조사·측량하여 토지의 지번·지목·면적·경계·좌표를 결정하려는 때에는 토지이동현황 조사계획을 수립하여야 한다(규칙 제59조 제1항). ② 이 경우 토지이동현황 조사계획은 시·군·구별로 수립하되, 부득이한 사유가 있는 때에는 읍·면·동별로 수립할 수 있다.
토지이동 조사부의 작성	지적소관청은 토지이동현황 조사계획에 따라 토지의 이동현황을 조사한 때에는 토지이동 조사부에 토지의 이동현황을 적어야 한다(동조 제2항).
토지이동정리 결의서에 첨부	지적소관청은 토지이동현황 조사 결과에 따라 지적공부를 정리하려는 때에는 토지이동 조사부를 근거로 토지이동 조서를 작성하여 토지이동정리 결의서에 첨부하여야 한다(동조 제4항).
지적공부의 정리	지적소관청은 토지이동현황 조사 결과에 따라 토지의 지번·지목·면적·경계 또는 좌표를 결정한 때에는 이에 따라 지적공부를 정리하여야 한다(동조 제3항).

토지이동에 따른 지번부여 방법

필살키 052~054

1. 신규등록 및 등록전환

원칙	그 지번부여지역에서 인접 토지의 본번에 부번을 붙여서 지번을 부여한다.
예외	다음에 해당하는 경우에는 그 지번부여지역의 최종 본번의 다음 순번부터 본번으로 하여 순차적으로 지번을 부여할 수 있다. ※ 암기 : 인떨여 ① 대상토지가 그 지번부여지역의 최종 지번의 토지에 인접하여 있는 경우 ② 대상토지가 이미 등록된 토지와 멀리 떨어져 있어서 등록된 토지의 본번에 부번을 부여하는 것이 불합리한 경우 ③ 대상토지가 여러 필지로 되어 있는 경우

2. 분할

원칙	분할 후의 필지 중 1필지의 지번은 분할 전의 지번으로 하고, 나머지 필지의 지번은 본번의 최종 부번 다음 순번으로 부번을 부여한다.
예외	주거·사무실 등의 건축물이 있는 필지에 대하여는 분할 전의 지번을 우선하여 부여하여야 한다.

3. 합병

원칙	합병대상 지번 중 선순위의 지번을 그 지번으로 하되, 본번으로 된 지번이 있는 때에는 본번 중 선순위의 지번을 합병 후의 지번으로 한다.
예외	토지소유자가 합병 전의 필지에 주거·사무실 등의 **건축물**이 있어서 그 건축물이 위치한 지번을 합병 후의 지번으로 신청할 때에는 그 지번을 합병 후의 지번으로 부여하여야 한다.

4. 지적확정측량 시행지역(= 도시개발사업 등 시행지역)

원칙	지적확정측량을 실시한 지역의 각 필지에 지번을 새로이 부여하는 경우에는 본번으로 부여한다.
공사준공 전	지적소관청은 도시개발사업 등이 준공되기 전에 사업시행자가 지번부여 신청을 하는 때에는 지번을 부여할 수 있다. 지번을 부여하는 때에는 도시개발사업 등 신고에 있어서의 **사업계획도**에 따른다.
준용하는 경우	지적확정측량 실시지역의 지번부여 방법을 준용하는 경우는 다음과 같다.　　※ 암기 : 지축행 ① 지번부여지역의 **지번을 변경**할 때 ② **축척변경** 시행지역의 필지에 지번을 부여할 때 ③ **행정구역** 개편에 따라 새로 지번을 부여할 때

POINT 40 지목　　필살카 055~059

1. 잡종지

① 갈대밭, 실외에 물건을 쌓아두는 곳, 돌을 캐내는 곳, 흙을 파내는 곳
② 변전소, 송신소, 수신소 및 송유시설 등의 부지
③ **여객자동차터미널**, **자동차운전학원** 및 **폐차장** 등 **자동차와 관련된 독립적인 시설물**을 갖춘 부지
　※ 주의 : 주차전용건축물 부지는 '주차장'
④ 공항시설 및 항만시설 부지
⑤ 도축장, 쓰레기처리장 및 오물처리장 등의 부지
⑥ 그 밖에 다른 지목에 속하지 않는 토지

2. 물과 관련된 지목

종류	내용
하천	자연의 유수(流水)가 있거나 있을 것으로 예상되는 토지
구거	① 자연의 유수(流水)가 있거나 있을 것으로 예상되는 소규모 수로부지 ② 용수 또는 배수를 위하여 일정한 형태를 갖춘 인공적인 수로·둑

유지	① 물이 고이거나 상시적으로 물을 저장하고 있는 댐·저수지·연못 등의 토지 ② 연·왕골 등이 자생하는 배수가 잘 되지 아니하는 토지
답	물을 상시적으로 직접 이용하여 벼·연·미나리 등의 식물을 주로 재배하는 토지
전	물을 상시적으로 이용하지 않고 곡물·원예작물 등의 식물을 재배하는 토지
수도용지	물을 정수하여 공급하기 위한 취수·저수·정수·송수 및 배수시설의 부지
광천지	① 지하에서 온수·약수·석유류 등이 용출되는 용출구와 그 유지에 사용되는 부지 ② 온수·약수·석유류 등을 일정한 장소로 운송하는 송수관·송유관 및 저장시설 부지는 광천지로 하지 않는다.

3. 식용을 목적으로 키우는 경우

종류	내용
전	① 물을 상시적으로 이용하지 않고 곡물 등의 식물(과수류 제외)을 주로 재배하는 토지 ② 식용을 위하여 죽순을 재배하는 토지
답	물을 상시적으로 직접 이용하여 벼 등의 식물을 주로 재배하는 토지
과수원	① 사과, 배, 밤, 호두, 귤나무 등 과수류를 집단적으로 재배하는 토지 및 이에 접속된 저장고 등 부속시설물의 부지 ② 다만, 주거용 건축물 부지는 '대'로 한다.
목장용지	① 축산업 및 낙농업을 하기 위하여 초지를 조성한 토지 ② 「축산법」 제2조 제1호에 따른 가축을 사육하는 축사 등의 부지 ③ 다만, 주거용 건축물 부지는 '대'로 한다.
양어장	육상에 인공으로 조성된 수산생물의 번식 또는 양식을 위한 시설을 갖춘 부지

4. 지목이 '대'인 토지

① 영구적 건축물 중 주거·사무실·점포의 부지
② 영구적 건축물 중 박물관·극장·미술관 등 문화시설과 이에 접속된 정원
③ 「국토의 계획 및 이용에 관한 법률」 등 관계 법령에 의한 택지조성공사가 준공된 토지
④ 아파트의 단지 안에 설치된 통로
⑤ 과수원 내에 있는 주거용 건축물의 부지
⑥ 목장용지 내에 있는 주거용 건축물의 부지
⑦ 묘지의 관리를 위한 건축물의 부지

1. 지상경계점등록부

(1) 지상경계점등록부의 작성·관리

지적소관청은 토지의 이동에 따라 **지상경계**를 새로 정한 경우에는 <u>**지상경계점등록부**</u>를 작성·관리하여야 한다.
경계점좌표등록부(×)

(2) 지상경계점등록부의 등록사항

> ① 경계점 위치 및 경계점표지의 종류
> ② 경계점 위치 설명도
> ③ 경계점 좌표
> ④ 경계점의 사진 파일
> ⑤ 공부상 지목과 실제 토지이용 지목
> ⑥ 토지의 소재, 지번

2. 지상경계의 결정기준

다음 ①②③의 경우 지상경계의 구획을 형성하는 구조물 등의 소유자가 다른 경우에는 그 **소유권**에 따라 **지상경계를 결정**한다.

> ① 상단부 : **절토(땅깎기)**된 부분이 있는 경우
> ② 중앙 : 연접되는 토지 간에 높낮이 차이가 **없는** 경우
> ③ 하단부 : 연접되는 토지 간에 높낮이 차이가 **있는** 경우
> ④ 최대만조위·최대만수위 : 토지가 해면**이나 수면**에 접하는 경우
> ⑤ 바깥쪽 어깨부분 : 공유수면매립지의 **제방**을 토지에 편입한 경우

3. 분할에 따른 지상경계

(1) 분할에 따른 지상경계는 **지상건축물을 걸리게 결정하여서는 안 되지만**, 다음의 어느 하나에 해당하는 경우는 지상건축물을 걸리게 지상경계를 결정할 수 있다. ※ 암기 : **도도공판**

> ① 도시·군관리계획선에 따라 토지를 분할하는 경우
> ② 도시개발사업 등의 사업지구 경계를 결정하기 위해서 분할하는 경우
> ③ 공공사업용 지목으로 되는 토지를 분할하는 경우
> ④ 확정판결이 있는 경우

(2) <u>토지이용상 불합리한 지상경계를 시정하기 위하여</u> **분할**하는 경우에는 지상경계점에 경계점표지를 설치하여(= 설치한 후) 분할측량을 할 수 있다.

※ 토지를 분할하는 경우는 사유불문하고 경계점표지를 설치한 후 측량을 한다.

POINT 42 면적

필살키 064~067

1. 면적측정의 방법

전자면적측정기	지적도면(지적도나 임야도)에서 면적을 측정하는 방법이다.
좌표면적계산법	경계점좌표등록부에서 면적을 측정하는 방법이다. – 지적확정측량을 실시한 지역

2. 끝수처리

축척	1/1,000 ~ 1/6,000, 임야도지역	1/600, 경계점좌표등록부 시행지역
내용	① 제곱미터 단위까지 등록 ② 1m² 미만이면 1m²로 등록	① 제곱미터 이하 한 자리까지 등록 ② 0.1m² 미만이면 0.1m²로 등록

지적공부의 등록사항

1. 등록사항 정리

구분	토지대장· 임야대장	공유지 연명부	대지권 등록부	지적도· 임야도	경계점 좌표등록부	※ 암기
소재, 지번	○	○	○	○	○	다 된다
지목	○	×	×	○	×	목도장
면적	○	×	×	×	×	면장
경계	×	×	×	○	×	경도
좌표	×	×	×	×	○	–
소유자	○	○	○	×	×	소대장
소유권지분	×	○	○	×	×	지대공
고유번호, 장 번호	○	○	○	×	○	고장도 없다
축척	○	×	×	○	×	축도장
토지이동사유, 개별공시지가	○	×	×	×	×	개사장
특징	면적, 개별공시지가, 토지이동사유		건물명칭, 전유부분의 건물표시, 대지권비율	건축물 및 구조물의 위치	좌표, 부호 및 부호도	

- 장 : 토지대장, 임야대장
- 도 : 지적도, 임야도
- 대장 : 토지대장, 임야대장, 공유지연명부, 대지권등록부

2. 공유지연명부·대지권등록부의 등록사항 비교

공유지연명부	대지권등록부
① 토지의 소재	① 토지의 소재
② 지번	② 지번
③ 소유자의 성명, 주소, 주민등록번호	③ 소유자의 성명, 주소, 주민등록번호
④ 토지소유자가 변경된 날과 그 원인	④ 토지소유자가 변경된 날과 그 원인
⑤ 소유권 지분	⑤ 소유권 지분
⑥ 토지의 고유번호	⑥ 토지의 고유번호
⑦ 공유지연명부의 장 번호	⑦ 대지권등록부의 장 번호
	⑧ 건물의 명칭 ※ 암기 : 건전한 비율
	⑨ 전유부분의 건물표시
	⑩ 대지권 비율

POINT 44 지적도면(지적도 및 임야도)의 등록사항   *필살키* 070~071

1. 지적도면의 등록사항

① 토지의 소재, 지번
② 건축물 및 구조물 등의 위치
③ 삼각점 및 지적기준점의 위치
④ 색인도(일람도는 등록사항이 아니다)

2. 경계점좌표등록부 시행지역의 지적도 특징

① 도면의 제명 끝에 '좌표'라고 표시한다.
② 좌표에 의하여 계산된 경계점 간의 거리를 등록한다.
③ 도곽선의 오른쪽 아래 끝에 '이 도면에 의하여 측량을 할 수 없음'이라고 적는다.

3. 연속지적도

(1) 의의

① '연속지적도'란 지적측량을 하지 아니하고 전산화된 지적도 및 임야도 파일을 이용하여, 도면상 경계점들을 연결하여 작성한 도면으로서 측량에 활용할 수 없는 도면을 말한다.
② 연속지적도는 지적도가 아니다.

(2) 연속지적도의 관리 등(법 제90조의2)

> ① **국토교통부장관**은 연속지적도의 관리 및 정비에 관한 정책을 수립·시행하여야 한다.
> ② **지적소관청**은 지적도·임야도에 등록된 사항에 대하여 토지의 이동 또는 오류사항을 정비한 때에는 이를 연속지적도에 반영하여야 한다.
> ③ **국토교통부장관**은 ②에 따른 지적소관청의 연속지적도 정비에 필요한 경비의 전부 또는 일부를 지원할 수 있다.
> ④ **국토교통부장관**은 연속지적도를 체계적으로 관리하기 위하여 대통령령으로 정하는 바에 따라 연속지적도 정보관리체계를 구축·운영할 수 있다.
> ⑤ **국토교통부장관 또는 지적소관청**은 ②에 따른 연속지적도의 관리·정비 및 ④에 따른 연속지적도 정보관리체계의 구축·운영에 관한 업무를 대통령령으로 정하는 법인, 단체 또는 기관에 위탁할 수 있다. 이 경우 위탁관리에 필요한 경비의 전부 또는 일부를 지원할 수 있다.

(3) 연속지적도와 지적전산자료

지적공부에 관한 전산자료(연속지적도를 포함한다)를 이용하거나 활용하려는 자는 국토교통부장관, 시·도지사 또는 지적소관청에 지적전산자료를 신청하여야 한다.

POINT 45 경계점좌표등록부 　　　　　　　　　　　　　　*필살키* 072

(1) 경계점좌표등록부는 **지적확정측량** 또는 **축척변경측량**을 실시하여 경계점을 좌표로 등록한 지역의 토지로 한다.

(2) 이 토지는 반드시 **토지대장과 지적도**를 함께 갖춰 둔다. → 임야대장, 임야도(×)

(3) 면적측정은 **좌표면적계산법**에 따른다. → 전자면적측정기(×)

(4) 면적은 **제곱미터 이하 한 자리 단위**로 등록한다.

(5) 경계점좌표등록부가 작성된 지역의 토지의 경계결정과 지표상의 복원은 '**좌표**'에 의하여 결정하는 것이지 '지적도'에 의하여 결정할 수 없다.

1. 정리

구분	지적공부		부동산종합공부
	종이 지적공부	전산 지적공부	
보존	지적소관청 (지적서고)	관할 시·도지사, 시장·군수·구청장 (지적정보관리체계)	지적소관청
열람·발급	해당 지적소관청	특별자치시장, 시장·군수·구청장이나 읍·면·동장	지적소관청 또는 읍·면·동장
복제	×	국토교통부장관	지적소관청

2. 지적공부의 보존

종이 지적공부	지적소관청은 해당 청사에 지적서고를 설치하고 그곳에 지적공부를 영구히 보존하여야 한다. 다만, 지적공부를 정보처리시스템을 통하여 기록·저장한 경우는 지적서고에 보존하지 않는다.
전산 지적공부	지적공부를 정보처리시스템을 통하여 기록·저장한 경우 관할 시·도지사, 시장·군수 또는 구청장은 그 지적공부를 지적정보관리체계에 영구히 보존하여야 한다.

3. 지적공부의 열람 및 등본 발급

종이 지적공부	지적공부를 열람하거나 그 등본을 발급받으려는 자는 해당 지적소관청에 이를 신청하여야 한다.
전산 지적공부	정보처리시스템을 통하여 기록·저장된 지적공부(지적도 및 임야도는 제외)를 열람하거나 그 등본을 발급받으려는 경우에는 특별자치시장, 시장·군수 또는 구청장이나 읍·면·동의 장에게 신청할 수 있다.
신청서 제출	지적공부를 열람하거나 그 등본을 발급받으려는 자는 지적공부·부동산종합공부 열람·발급 신청서(전자문서로 된 신청서를 포함)를 지적소관청 또는 읍·면·동장에게 제출하여야 한다.

1. 정리

구분	종이 지적공부	전산 지적공부
보존	지적소관청 (지적서고)	관할 시 · 도지사, 시장 · 군수 · 구청장 (지적정보관리체계)
복구	지적소관청	시 · 도지사, 시장 · 군수 · 구청장

2. 복구자료

토지의 표시	① 지적공부의 등본 ② 측량결과도 → 측량준비도(×), 측량준비파일(×) ③ 토지이동정리결의서 ④ 지적소관청이 작성하거나 발행한 지적공부의 등록내용을 증명하는 서류(예 부동산종합공부 등) → 지적측량의뢰서(×), 지적측량수행계획서(×) ⑤ 정보관리체계에 따라 복제된 지적공부 ⑥ 토지(건물)등기사항증명서 등 등기사실을 증명하는 서류 ⑦ 법원의 확정판결서 정본 또는 사본
소유자	부동산등기부나 법원의 확정판결

1. 부동산종합공부의 관리

① 지적소관청은 부동산종합공부를 관리 · 운영한다.

② 지적소관청은 부동산종합공부를 복제하여 관리하는 정보관리체계를 구축하여야 한다.

　→ 국토교통부장관은 정보처리시스템을 통하여 기록 · 저장된 **지적공부를 복제**하여 관리하는 정보관리체계를 구축하여야 한다.

③ 부동산종합공부의 열람 및 발급은 **지적소관청이나 읍 · 면 · 동장**에게 신청할 수 있다.

④ 토지소유자는 부동산종합공부의 등록사항에 잘못이 있음을 발견하면 **지적소관청**에게 그 정정을 신청할 수 있다. → 읍 · 면 · 동장(×)

2. 부동산종합공부의 등록사항

1	토지의 표시와 소유자에 관한 사항	이 법에 따른 지적공부의 내용
2	건축물의 표시와 소유자에 관한 사항	「건축법」 제38조에 따른 건축물대장의 내용
3	토지의 이용 및 규제에 관한 사항	토지이용계획확인서의 내용
4	부동산의 가격에 관한 사항	개별공시지가, 개별주택가격 및 공동주택가격 공시내용(실거래가격은 기록하지 않는다)
5	부동산의 권리에 관한 사항	「부동산등기법」 제48조에 따른 부동산의 권리에 관한 사항

POINT 49 토지의 이동 *필살카* 077

의의	'토지의 이동'이란 토지의 표시(소재, 지번, 지목, 면적, 경계 또는 좌표)를 새로 정하거나 변경 또는 말소하는 것을 말한다.
토지의 이동(○)	신규등록, 등록전환, 분할, 합병, 지목변경, 바다로 된 토지의 등록말소 및 회복, 축척변경, 등록사항정정, 도시개발사업, 지번변경, 행정구역변경, 행정구역 명칭변경 등
토지의 이동(×)	토지소유자의 변경, 토지소유자의 주소변경, 개별공시지가의 변경 등

POINT 50 등록전환 *필살카* 078

대상토지	① 「산지관리법」에 따른 산지전용허가·신고, 산지일시사용허가·신고, 「건축법」에 따른 건축허가·신고 또는 그 밖의 관계 법령에 따른 개발행위허가 등을 받은 경우 ② 대부분의 토지가 등록전환되어 나머지 토지를 임야도에 계속 존치하는 것이 불합리한 경우 ③ 임야도에 등록된 토지가 사실상 형질변경되었으나 지목변경을 할 수 없는 경우 ④ 도시·군관리계획선에 따라 토지를 분할하는 경우
지적정리	① 임야대장의 면적과 등록전환될 면적의 차이가 오차허용범위 이내인 경우에는 등록전환될 면적을 등록전환 면적으로 결정한다. ② 오차가 허용범위를 초과하는 경우에는 임야대장의 면적 또는 임야도의 경계를 지적소관청이 직권으로 정정하여야 한다.

대상토지 및 신청의무	관계 법령에 따라 해당 토지에 대한 분할이 개발행위허가 등의 대상인 경우에는 **개발행위허가 등을 받은 이후**에 분할을 신청할 수 있다.	
	의무 있는 경우 (60일 이내)	① 1필지의 일부가 형질변경 등으로 용도가 변경된 경우
	의무 없는 경우	② 소유권이전, 매매 등을 위하여 필요한 경우 ③ 토지이용상 불합리한 지상경계를 시정하기 위한 경우
지적정리	① 분할 후 면적의 합은 분할 전의 면적과 동일하도록 결정하여야 한다. ② 다만, 분할 전후 면적의 차이가 허용범위 이내인 경우에는 그 오차를 분할 후의 각 필지의 면적 에 따라 나누고, 허용범위를 초과하는 경우에는 지적공부상의 면적 또는 경계를 **정정**하여야 한다.	

합병의 제한	다음 중 어느 하나(① ~ ⑥)에 해당하는 경우에 토지소유자는 합병을 신청할 수 **없다**. ① 합병하려는 토지의 **지번부여지역, 지목** 또는 **소유자**가 서로 다른 경우 ② 합병하려는 각 필지가 서로 **연접하지 않은** 경우 ③ 합병하려는 토지의 지적도 및 임야도의 축척이 서로 다른 경우 ④ 합병하려는 토지가 <u>등기된 토지</u>와 <u>등기되지 않은 토지</u>인 경우 ⑤ 합병하려는 토지의 소유자별 **공유지분**이 다른 경우 ⑥ 합병하려는 토지소유자의 주소가 서로 다른 경우. 다만, 지적소관청이 「전자정부법」에 따른 행 정정보의 공동이용을 통하여 '토지등기사항증명서, 법인등기사항증명서(신청인이 법인인 경우 만 해당), 주민등록표초본(신청인이 개인인 경우만 해당)'을 확인한 결과 토지소유자가 **동일인 임을 확인**할 수 있는 경우는 제외한다. ⑦ 합병대상 토지에 다음의 등기가 있는 경우 합병 가능 여부	
	㉠ **용익권**(지상권, 전세권, 승역지지역권, 임차권)만 있는 경우 : 합병 **가능** ⓛ **용익권 외의 등기**(저당권, 가압류, 가처분, 담보가등기 등)가 있는 경우 : 합병 **불가** ⓒ 합병하려는 토지 전부에 **같은 저당권**등기가 있는 경우 : 합병 **가능** ⓔ 합병하려는 토지 전부에 대한 등기사항이 **동일한 신탁등기**가 있는 경우 : 합병 **가능**	
대상토지 및 신청의무	의무 없는 경우	① 합병을 신청할지 여부는 소유자에게 의무가 없는 것이 원칙이다.
	의무 있는 경우 (60일 이내)	② 「주택법」에 따른 **공동주택**의 부지 ③ 제방, 수도용지, 하천, 구거, 철도용지, 도로, 유지, 학교용지, 공장용지, 공원, 체육용지 등 토지로서 합병하여야 할 토지

1. 등록말소 절차

말소통지	**지적소관청**은 바다로 된 토지로서 말소의 대상이 되는 토지가 있는 경우 지적공부에 등록된 **토지소유자**에게 지적공부의 등록말소 신청을 하도록 **통지**하여야 한다.
말소신청	토지소유자는 통지받은 날로부터 **90일** 이내에 등록말소 신청을 하여야 한다.
직권말소	**지적소관청**은 토지소유자가 통지받은 날부터 **90일** 이내에 등록말소 신청을 하지 아니하면 직권으로 등록을 말소하여야 한다.
통지	지적소관청이 직권으로 지적공부의 등록사항을 말소한 때에는 그 정리 결과를 **토지소유자** 및 해당 **공유수면의 관리청**에 통지하여야 한다.

2. 회복등록 절차

회복등록	① **지적소관청**은 말소된 토지가 지형의 변화 등으로 다시 토지로 된 경우에는 이를 회복등록할 수 있다. ② 이 경우 회복등록의 신청의무는 **없다**. → 90일 내(×)
복구자료	지적소관청이 회복등록을 하려는 때에는 그 **지적측량성과** 및 **등록말소 당시의 지적공부** 등 관계 자료에 따라야 한다.

1. 축척변경의 절차

(1) 토지소유자의 동의 및 축척변경위원회의 의결

지적소관청은 토지소유자의 신청 또는 직권으로 축척변경을 하려면 축척변경 시행지역의 토지소유자 **3분의 2 이상**의 동의를 받아 **축척변경위원회**의 의결을 거쳐야 한다.

(2) 시·도지사 또는 대도시 시장의 승인

지적소관청은 축척변경위원회의 의결을 거친 후 시·도지사 또는 대도시 시장의 승인을 받아야 한다.   ※ 암기 : 반지축

(3) 축척변경 시행공고

지적소관청은 시·도지사 또는 대도시 시장으로부터 축척변경 승인을 받은 때에는 일정한 사항을 **20일 이상** 공고하여야 한다.

(4) 경계점표지의 설치

축척변경 시행지역 내의 토지소유자 **또는 점유자**는 시행공고가 된 날(시행공고일)부터 30일 이내에 시행공고일 현재 **점유**하고 있는 경계에 경계점표지를 설치하여야 한다.

(5) 축척변경측량 및 토지의 표시사항 결정

지적소관청은 축척변경 시행지역의 각 필지별 **지번·지목·면적·경계 또는 좌표**를 새로 정하여야 한다.

(6) 청산 절차(면적증감의 처리)

청산금의 공고 및 열람	지적소관청은 청산금을 산정한 때에는 청산금 조서를 작성하고, 청산금이 결정되었다는 뜻을 시·군·구 및 축척변경 시행지역 동·리의 게시판에 15일 이상 공고하여 일반인이 열람할 수 있게 하여야 한다. ※ 암기 : 공통1520
납부고지 및 수령통지	지적소관청은 청산금의 결정을 공고한 날로부터 20일 이내에 토지소유자에게 청산금의 납부고지 또는 수령통지를 하여야 한다. ※ 암기 : 공통1520
청산금의 납부 및 지급	납부고지를 받은 자는 그 고지를 받은 날로부터 6개월 이내에 청산금을 지적소관청에 내야 하고, 지적소관청은 수령통지를 한 날로부터 6개월 이내에 청산금을 지급하여야 한다.
청산금에 대한 이의신청	① 청산금에 대하여 이의가 있는 자는 납부고지 또는 수령통지를 받은 날로부터 1개월 이내에 지적소관청에 이의신청을 할 수 있다. ② 이의신청을 받은 지적소관청은 1개월 이내에 축척변경위원회의 심의·의결을 거쳐 그 인용 여부를 결정한 후 지체 없이 그 내용을 이의신청인에게 통지하여야 한다.

(7) 축척변경의 확정공고

청산금의 납부 및 지급이 완료된 때에는 지적소관청은 지체 없이 축척변경의 확정공고를 하여야 한다. 축척변경 시행지역 안의 토지는 축척변경의 **확정공고일**에 토지의 이동이 있는 것으로 본다.

(8) 지적정리

지적소관청은 확정공고를 하였을 때에는 지체 없이 축척변경에 따라 확정된 사항을 지적공부에 등록하여야 한다. 지적공부에 등록하는 때에는 다음의 기준에 따라야 한다.

> ① 토지대장은 확정공고된 축척변경 **지번별 조서**에 따를 것
> ② 지적도는 확정측량결과도 또는 경계점좌표에 따를 것

2. 축척변경위원회

의의	축척변경에 관한 사항을 심의·의결하기 위하여 **지적소관청**에 축척변경위원회를 둔다.
구성	① 축척변경위원회는 5명 이상 10명 이하의 위원으로 구성하되, 위원의 2분의 1 이상을 토지소유자로 하여야 한다. 이 경우 그 축척변경 시행지역의 토지소유자가 5명 이하인 때에는 토지소유자 전원을 위원으로 위촉하여야 한다. ② 위원장은 위원 중에서 **지적소관청**이 지명한다.

	③ 위원은 해당 축척변경 시행지역의 토지소유자로서 지역 사정에 정통한 사람이나 지적에 관하여 전문지식을 가진 사람 중에서 **지적소관청**이 위촉한다.
심의·의결 사항	① 축척변경 시행계획에 관한 사항 ② 지번별 m²당 금액의 결정 ③ 청산금의 산정에 관한 사항 ④ 청산금의 이의신청에 관한 사항 ⑤ 그 밖에 축척변경과 관련하여 **지적소관청**이 회의에 부치는 사항

POINT 55 등록사항정정 필살키 086~087

1. 등록사항정정 신청

토지소유자는 지적공부의 등록사항에 잘못이 있음을 발견한 때에는 **지적소관청**에 그 정정을 신청할 수 있다. → 읍·면·동장(×)

2. 토지의 표시의 직권정정 사유

① **토지이동정리결의서의 내용과 다르게 정리된 경우**
② 지적도 및 임야도에 등록된 필지가 **면적의 증감 없이** 경계의 위치만 잘못된 경우
③ 지적공부의 작성 **또는 재작성 당시 잘못 정리된 경우**
④ **지적측량성과와 다르게 정리된 경우** → 측량준비파일(×)
⑤ 지적공부의 등록사항이 **잘못 입력된 경우**
⑥ **지적측량적부심사 및 재심사청구**에 따른 지적위원회의 의결 결과에 따라 지적공부의 등록사항정정을 하여야 하는 경우
⑦ 토지합필의 제한에 위반한 등기의 신청을 각하한 때의 그 사유의 통지가 있는 경우(**지적소관청의 착오로 잘못 합병한 경우만 해당한다**)
⑧ 면적의 단위가 척관법에서 미터법으로 변경됨에 따라 **면적환산이 잘못된 경우**

3. 직권정정 사유가 아닌 것

① 정정으로 인하여 **경계 또는 면적이 변경되는 경우**
② 지적측량이 잘못된 경우

4. 지적측량의 정지

지적공부의 등록사항 중 **경계나 면적 등 측량을 수반하는 토지의 표시**가 잘못된 경우에는 지적소관청은 그 **정정이 완료될 때까지 지적측량을 정지**시킬 수 있다. 다만, 잘못 표시된 사항의 정정을 위한 지적측량은 그러하지 아니하다.

1. 대위신청

다음의 어느 하나에 해당하는 경우 이 법에 따라 토지소유자가 하여야 하는 신청을 대신할 수 있다. 다만, 등록사항 정정 대상토지는 제외한다.

> ① 공공사업 등에 따라 학교용지·도로·철도용지·하천·제방·구거·유지·수도용지 등의 지목으로 되는 토지인 경우 : 해당 **사업의 시행자**
>
> ② 국가 또는 지방자치단체가 취득하는 토지인 경우 : 해당 토지를 관리하는 **행정기관의 장** 또는 **지방자치단체의 장**
>
> ③ 「주택법」에 따른 공동주택의 부지인 경우 : 「집합건물의 소유 및 관리에 관한 법률」에 따른 **관리인**(다만, 관리인이 없는 경우에는 공유자가 선임한 대표자) 또는 해당 **사업의 시행자**
>
> ④ 「민법」 제404조(채권자의 대위신청)에 따른 **채권자**

2. 도시개발사업 등 시행지역의 신청

신고	도시개발사업, 농어촌정비사업 그 밖에 대통령령으로 정하는 토지개발사업의 시행자는 그 사업의 착수·변경 또는 완료 사실을 그 사유가 발생한 날부터 **15일 이내**에 **지적소관청**에 신고하여야 한다.
신청	① 도시개발사업, 농어촌정비사업 그 밖에 대통령령으로 정하는 토지개발사업과 관련하여 토지의 이동이 필요한 경우 해당 **사업의 시행자**는 지적소관청에 토지의 이동을 신청하여야 한다. 이 경우 토지소유자에게는 신청권이 없다. ② 사업의 완료신고가 되기 전에 사업의 착수 또는 변경의 신고가 된 토지의 소유자가 해당 토지의 이동을 원하는 경우에는 해당 사업의 시행자에게 그 토지의 이동을 신청하도록 **요청**하여야 하며, 요청을 받은 사업시행자는 해당 사업에 지장이 없다고 판단되면 지적소관청에 그 이동을 신청하여야 한다. ③ 「주택법」에 따른 주택건설사업의 시행자가 **파산** 등의 이유로 토지의 이동신청을 할 수 없는 때에는 그 주택의 시공을 보증한 자 또는 입주예정자 등이 신청할 수 있다. ④ 도시개발사업 등 그 신청대상지역이 **환지를 수반**하는 경우에는 도시개발사업 등의 **사업완료신고**로써 토지의 이동신청에 갈음할 수 있다.
토지이동의 시기	도시개발사업 등으로 인한 토지의 이동은 토지의 **형질변경 등의 공사가 준공된 때** 이루어진 것으로 본다(법 제86조 제3항).

	원칙	지적공부에 등록한 때(지적형식주의)
예외	축척변경	확정공고일
	도시개발사업	형질변경 등의 공사가 준공된 때

+PLUS 정리

토지의 표시 정리	토지의 이동이 있을 때	토지이동정리결의서 작성
소유자 정리	등기된 토지 : 등기부 기준	소유자정리결의서 작성
	신규등록 토지 : 지적소관청이 **직접 조사**	

(1) 지적소관청은 **토지의 이동**이 있는 경우에는 **토지이동정리결의서**를 작성하여야 한다.

(2) 지적소관청은 토지소유자의 **변동** 등에 따른 지적공부를 정리하고자 하는 경우에는 **소유자정리결의서**를 작성하여야 한다.

(3) 지적공부에 등록된 토지소유자의 변경사항은 등기관서에서 등기한 것을 증명하는 **등기필증, 등기완료통지서, 등기사항증명서** 및 **등기전산정보자료**에 의하여 정리한다.

(4) 등기완료통지(소유권변경 사실의 통지)의 경우 등기부에 기재된 **토지의 표시**가 지적공부와 부합하지 않을 때에는 지적공부를 정리할 수 없으며, 그 사실을 **관할 등기관서에 통지**하여야 한다.

(5) 지적소관청은 필요하다고 인정하는 경우에는 관할 등기관서의 **등기부를 열람**하여 지적공부와 부동산등기부가 일치하는지 여부를 조사·확인하여야 한다. 일치하지 아니하는 사항을 발견하면 등기사항증명서 또는 등기전산정보자료에 따라 지적공부를 **직권으로 정리**하거나, 토지소유자나 그 밖의 이해관계인에게 **신청 등을 하도록 요구**할 수 있다.

(6) 지적소관청 소속 공무원이 지적공부와 부동산등기부의 부합 여부를 확인하기 위하여 등기부를 열람하거나, 등기사항증명서의 발급을 신청하거나, 등기전산정보자료의 제공을 요청하는 경우 그 **수수료를 무료**로 한다.

(7) 매립준공인가된 토지를 **신규등록**하는 경우 지적공부에 등록하는 토지의 소유자는 지적소관청이 **직접 조사**하여 등록한다.

(8) 「국유재산법」에 따른 총괄청이나 중앙관서의 장이 소유자 없는 부동산에 대한 소유자 등록을 신청하는 경우, 지적소관청은 지적공부에 해당 토지의 **소유자가 등록되지 아니한 경우에만** 등록할 수 있다.

1. 통지 사유

① 지적소관청은 **토지의 표시**를 직권이나 사업시행자의 신청 또는 대위신청으로 정리한 경우, 즉 **소유자의 신청 외의 방법**으로 정리한 경우 토지의 표시정리 사실을 토지소유자에게 통지하여야 한다.

② 지적소관청이 **토지소유자**를 정리한 경우는 그 정리 사실의 통지를 요하지 않는다.

2. 통지 시기

① 지적소관청은 토지의 표시에 관한 변경등기가 필요한 경우는 등기완료통지서를 접수한 날부터 15일 이내에 소유자에게 그 사실을 통지하여야 한다.

② 지적소관청은 토지의 표시에 관한 변경등기가 필요하지 아니한 경우는 지적공부에 등록한 날부터 7일 이내에 소유자에게 지적정리의 사실을 통지하여야 한다.

※ 암기 : 축복받은 현경이 바다분할등기 후 확 정신차려 재검했다.

(1) 축척변경하는 경우로서 측량을 할 필요가 있는 경우(**축**척변경측량)

(2) 지적공부를 복구하는 경우로서 측량을 할 필요가 있는 경우(**복**구측량)

(3) 지상건축물 등의 현황을 지적도 및 임야도에 등록된 경계와 대비하여 표시하는 데 필요한 경우(지적**현**황측량)

(4) 경계점을 지상에 복원하는 경우(**경**계복원측량)

(5) **바다**가 된 토지의 등록을 말소하는 경우로서 측량을 할 필요가 있는 경우(등록말소측량)

(6) 토지를 분할하는 경우로서 측량을 할 필요가 있는 경우(**분할**측량)

(7) 토지를 등록전환하는 경우로서 측량을 할 필요가 있는 경우(**등**록전환측량)

(8) 지적기준점을 정하는 경우(**기**초측량)

(9) 도시개발사업 등의 시행지역에서 토지의 이동이 있는 경우로서 측량을 할 필요가 있는 경우(지적**확**정측량)

(10) 지적공부의 등록사항을 정정하는 경우로서 측량을 할 필요가 있는 경우(등록사항**정**정측량)

(11) 토지를 신규등록하는 경우로서 측량을 할 필요가 있는 경우(**신**규등록측량)

(12) 지적재조사사업에 따라 토지의 이동이 있는 경우로서 측량을 할 필요가 있는 경우(지적재조사측량)

(13) 지적측량성과를 검사하는 경우(검사측량)

지적측량의 절차   *필살키* 095~096

(1) 지적측량을 의뢰하려는 자는 지적측량의뢰서(전자문서로 된 의뢰서를 포함한다)에 의뢰 사유를 증명하는 서류(전자문서를 포함한다)를 첨부하여 **지적측량수행자**(한국국토정보공사와 지적측량 업을 등록한 자를 말한다)에게 제출하여야 한다.

(2) 지적측량성과를 검사하기 위한 **검사측량**과 지적재조사사업에 따라 토지의 이동이 있는 경우 실시 하는 **지적재조사측량**은 지적측량 의뢰의 대상에서 **제외**된다.

(3) 지적측량수행자가 지적측량의뢰서를 받은 때에는 측량기간, 측량일자 및 측량수수료 등을 적은 **지적측량수행계획서**를 신청 다음 날까지 **지적소관청**에 제출하여야 한다.

(4) 지적측량수행자가 지적측량을 하였으면 시·도지사, 대도시 시장 또는 지적소관청으로부터 측량 성과에 대한 검사를 받아야 한다.

(5) 지적공부를 정리하지 않은 **경계복원측량과 지적현황측량**의 성과에 대하여는 측량성과에 대한 검 사를 받지 않아도 된다.

지적측량의 기간   *필살키* 097~098

1. 세부측량기간

지적측량의 측량기간은 5일로 하며, 측량검사기간은 4일로 한다.

2. 지적기준점을 설치하는 경우(기초측량기간)

세부측량을 하기 위하여 지적기준점을 설치하여 **측량 또는 측량검사**를 하는 경우 지적기준점이 15 점 이하인 경우에는 4일을, 15점을 초과하는 경우에는 4일에 15점을 초과하는 **4점마다 1일**을 가산 한다.

3. 합의한 경우

위의 규정에도 불구하고 지적측량 의뢰인과 지적측량수행자가 서로 합의하여 따로 기간을 정하는 경우에는 그 기간에 따르되, 전체 기간의 **4분의 3은 측량기간**으로, 전체 기간의 **4분의 1은 측량검 사기간**으로 본다.

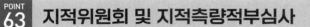

1. 중앙지적위원회의 구성 및 임기

① 중앙지적위원회는 위원장 1명과 부위원장 1명을 **포함하여 5명 이상 10명 이하**의 위원으로 구성한다.

② 위원장은 국토교통부의 지적업무 **담당 국장**이, 부위원장은 국토교통부의 지적업무 **담당 과장**이 된다.

③ 위원장 및 부위원장을 **제외한** 위원의 **임기는 2년**으로 한다.

2. 중앙지적위원회의 회의 등

① **위원장**이 부득이한 사유로 직무를 수행할 수 없을 때에는 **부위원장**이 그 직무를 대행하고, 위원장 및 부위원장이 모두 부득이한 사유로 직무를 수행할 수 없을 때에는 **위원장이 미리 지명한 위원**이 직무를 대행한다.

② 위원장이 중앙지적위원회의 회의를 소집할 때에는 회의 일시·장소 및 심의 안건을 회의 **5일 전**까지 각 위원에게 서면으로 통지하여야 한다.

③ 중앙지적위원회는 **관계인을 출석**하게 하여 의견을 들을 수 있으며, 필요하면 **현지조사**를 할 수 있다.

3. 지적위원회의 심의·의결사항

중앙지적위원회	지방지적위원회
① 지적 관련 정책 개발 및 업무 개선 등에 관한 사항 ② 지적측량기술의 연구·개발 및 보급에 관한 사항 ③ 측량기술자 중 '지적기술자'의 양성에 관한 사항 ④ 지적측량적부심사에 대한 **재심사** ⑤ 지적기술자의 **업무정지처분 및 징계요구**에 관한 사항	지적측량에 대한 **적부심사 청구사항**

4. 지적측량적부심사 및 적부재심사 절차

① **토지소유자, 이해관계인 또는 지적측량수행자**는 지적측량성과에 대하여 다툼이 있는 경우에는 관할 **시·도지사를 거쳐 지방지적위원회**에 지적측량적부심사의 청구를 할 수 있다.

② 토지소유자 또는 이해관계인이 지적측량적부심사를 청구하려는 경우에는 **지적측량을 의뢰하여 발급받은 지적측량성과**를 심사청구서에 첨부하여야 한다.

③ 지적측량적부심사청구 사안을 회부받은 지방지적위원회는 회부받은 날부터 **60일 이내**에 심의·의결하여야 한다. 부득이한 사유가 있을 때 **30일 이내**에서 한 번만 연장할 수 있다.

④ 시·도지사는 지방지적위원회로부터 의결서를 송부받은 날부터 **7일 이내**에 적부심사청구인 및 이해관계인에게 그 의결서를 통지하여야 한다.

⑤ 지적측량적부심사의결서를 통지받은 자가 지방지적위원회의 의결에 불복하는 때에는 의결서를 통지받은 날부터 **90일 이내**에 <u>**국토교통부장관을 거쳐 중앙지적위원회에**</u> 재심사를 청구할 수 있다.

⑥ 경계분쟁이 있는 중개대상 토지에 대하여 중앙지적위원회의 지적측량적부재심사 결과 "<u>지적공부에 등록된 경계 및 면적을 정정하라.</u>"라는 의결주문의 내용이 기재된 **의결서 사본**이 **지적소관청에 접수**된 경우, 당해 지적소관청은 **직권으로** 지체 없이 경계 및 면적을 **정정하여야 한다**.

▪▪ 지적측량적부(재)심사 절차

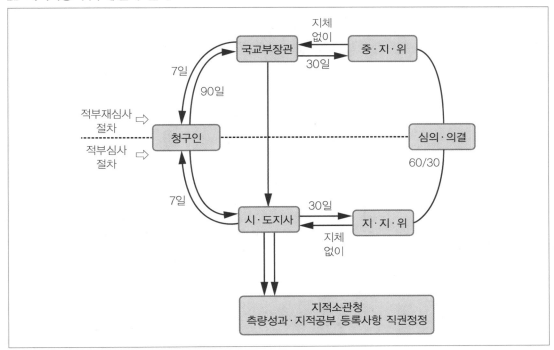

마무리

100선

필살키 p.10   합격서 pp.67~68

필살키 001 등기의 유효요건

등기의 유효요건에 관한 설명으로 틀린 것은?

① 甲 소유 미등기토지를 乙이 매수하여 乙 명의의 소유권보존등기를 신청한 경우 등기관은 이를 각하하여야 한다.

② 미등기부동산의 양수인이 직접 자기 명의로 실행한 소유권보존등기는 절차적으로 위법한 등기이므로 무효이다.

③ 상속인이 상속받은 부동산을 처분하면서, 상속등기를 생략하고 피상속인으로부터 직접 양수인 앞으로 소유권이전등기하는 경우라도 무효는 아니다.

④ 사망자를 등기의무자로 하여 마쳐진 등기라도 그 등기가 상속인의 의사에 따라 행해진 등기라면 유효한 등기라 할 수 있다.

⑤ 중간생략등기에 관한 합의가 있었던 것처럼 관계 서류를 위조하여 등기를 마친 경우, 그것이 실체관계와 부합하는 한 효력이 인정된다.

해설

①② 보존등기는 최초의 소유자가 신청하는 등기이므로 이전받은 자(매수인 등)는 자기 명의로 보존등기를 신청할 수 없다(①). 다만, 등기관이 간과하고 이전받은 자(매수인 등) 명의로 보존등기를 마친 경우 그 등기는 <u>유효하다</u>(②, 모두생략등기).

③ 일종의 중간생략등기이다.

⑤ 위조된 서류에 의한 등기(법 제29조 제9호 위반)라도 실체관계와 부합하면 유효하다.

정답 ②

필살키 p.10   합격서 pp.69~71

필살키 002 등기의 효력

등기의 효력에 관한 설명으로 틀린 것은?

① 등기의 추정력은 권리변동의 당사자 간에도 인정되는 것으로, 소유권이전등기의 등기명의자는 제3자에게뿐만 아니라 전소유자에 대해서도 적법한 등기원인에 의하여 소유권을 취득한 것으로 추정된다.

② 소유권보존등기명의인이 보존등기 전의 소유자로부터 소유권을 양수한 것이라고 주장하고 전소유자는 양도사실을 부인하는 경우, 그 보존등기의 추정력은 인정되지 않으므로 전소유자가 보존등기의 무효를 입증하여야 한다.

③ 등기의 추정력은 권리의 등기에는 인정되지만 부동산의 표시등기에는 인정되지 않는다.

④ 같은 부동산에 관하여 등기한 권리의 순위는 법률에 다른 규정이 없으면 등기한 순서에 따른다.

⑤ 등기한 순서는 등기기록 중 같은 구(區)에서 한 등기는 순위번호에 따르고, 다른 구에서 한 등기는 접수번호에 따른다.

해설

소유권보존등기명의인이 보존등기 전의 소유자로부터 소유권을 양수한 것이라고 주장하고 전소유자는 양도사실을 부인하는 경우, 그 <u>보존등기의 추정력은 부정되므로 보존등기 명의인이 보존등기의 유효를 입증하여야</u> 한다.

정답 ②

필살키 003　등기부의 편성과 구성

등기부의 편성 및 구성에 관한 설명으로 틀린 것은?

① 1동 건물을 구분한 건물에 있어서는 1동 건물에 속하는 전부에 대하여 1등기기록을 사용한다.

② 구분건물의 등기기록은 1동 건물에 대하여는 표제부만 두고 전유부분마다 표제부, 갑구, 을구를 둔다.

③ 구분건물에 대한 열람 및 등기사항증명서의 발급에 관하여는 1동의 건물의 표제부와 해당 전유부분에 관한 등기기록을 1개의 등기기록으로 본다.

④ 등기관이 규약상 공용부분의 등기를 할 때에는 등기기록의 표제부에 공용부분이라는 뜻을 기록하고, 각 구의 소유권과 그 밖의 권리에 관한 등기를 말소하는 표시를 하여야 한다.

⑤ 규약상 공용부분에 대하여 규약을 폐지한 경우 공용부분의 취득자는 1개월 이내에 소유권보존등기를 신청하여야 한다.

해설

규약상 공용부분에 대하여 규약을 폐지한 경우 공용부분의 취득자는 <u>지체 없이</u> 소유권보존등기를 신청하여야 한다.

정답 ⑤

필살키 004　대지권등기

대지권등기에 관한 설명으로 틀린 것은?

① 전유부분 건물의 표제부에는 전유부분에 해당하는 건물의 표시와 그 전유부분의 대지권의 표시를 등기한다.

② 등기관이 구분건물의 등기기록에 대지권등기를 하였을 때에는 직권으로 대지권의 목적인 토지의 등기기록에 소유권, 지상권, 전세권 또는 임차권이 대지권이라는 뜻을 기록하여야 한다.

③ 구분건물에 대하여 등기를 신청하는 경우 신청정보에 대지권의 표시를 제공하여야 한다.

④ 대지권을 등기한 구분건물의 등기기록에는 그 건물만을 목적으로 하는 저당권설정등기를 할 수 있다.

⑤ 구분건물로서 그 대지권의 변경이 있는 경우에는 구분건물의 소유권의 등기명의인은 1동의 건물에 속하는 다른 구분건물의 소유권의 등기명의인을 대위하여 대지권변경등기를 신청할 수 있다.

해설

② 동일한 의미로 다음과 같이 표현할 수도 있다. "집합건물의 등기기록에 대지권의 등기를 한 경우 등기관은 직권으로 <u>대지권의 목적인 토지의 등기기록의 해당 구에</u> 어느 권리가 대지권이라는 뜻을 기록하여야 한다."

④ 대지권을 등기한 구분건물의 등기기록에는 그 건물만을 목적으로 하는 <u>저당권설정등기를 할 수 없다.</u>
　→ 용익권(○), 용익권 외(×)

정답 ④

필살카 005 등기신청의무

등기신청의무에 대한 설명으로 <u>틀린</u> 것은?

① 존재하는 건물이 멸실된 경우 건물소유권의 등기명의인은 1개월 이내에 멸실등기를 신청하여야 한다.

② 존재하지 아니하는 건물에 대한 등기가 있는 때에는 1개월 이내에 멸실등기를 신청하여야 한다.

③ 규약상 공용부분에 대하여 규약을 폐지한 경우 공용부분의 취득자는 지체 없이 소유권보존등기를 신청하여야 한다.

④ 토지의 지목이 변경된 경우 소유자는 1개월 이내에 부동산의 표시변경등기를 신청하여야 하지만, 이를 위반하더라도 과태료는 부과되지 않는다.

⑤ 건물의 구조가 변경된 경우 소유자는 1개월 이내에 부동산의 표시변경등기를 신청하여야 한다.

해설

존재하지 아니하는 건물에 대한 등기가 있는 때에는 <u>지체 없이</u> 멸실등기를 신청하여야 한다. → 1개월(×)

정답 ②

필살카 006 관공서의 촉탁등기

관공서의 촉탁등기에 관한 설명으로 <u>틀린</u> 것은?

① 등기의무자인 관공서가 등기권리자의 청구에 의하여 등기를 촉탁하는 경우, 등기의무자의 권리에 관한 등기필정보를 제공할 필요가 없다.

② 관공서가 등기를 촉탁하는 경우 우편에 의한 등기촉탁도 할 수 있다.

③ 관공서가 경매로 인하여 소유권이전등기를 촉탁하는 경우, 등기기록과 대장상의 부동산의 표시가 부합하지 않은 경우에도 이를 수리하여야 한다.

④ 등기권리자인 관공서가 부동산 거래의 주체로서 등기를 촉탁할 수 있는 경우에는 등기의무자와 공동으로 등기를 신청할 수 있다.

⑤ 관공서 또는 법원의 촉탁으로 실행되어야 할 등기를 등기의무자와 공동으로 신청할 수 있다.

해설

관공서 또는 법원의 촉탁으로 실행되어야 할 등기를 신청한 경우, 그 <u>등기신청은 각하</u>된다.

[추가1] <u>국가 또는 지방자치단체가 등기권리자</u>인 경우에는 <u>등기의무자의 승낙</u>을 받아 해당 등기를 지체 없이 등기소에 촉탁하여야 한다.

[추가2] <u>국가 또는 지방자치단체가 등기의무자</u>인 경우에는 <u>등기권리자의 청구</u>에 따라 지체 없이 해당 등기를 등기소에 촉탁하여야 한다.

정답 ⑤

필살키 007　등기신청적격

등기명의인에 관한 설명으로 <u>틀린</u> 것은?

① 대표자나 관리인이 있는 법인 아닌 사단에 속하는 부동산에 관한 등기를 신청할 때에는 그 사단을 등기권리자 또는 등기의무자로 한다.

② 법인 아닌 재단에 속하는 부동산에 관한 등기는 그 재단 명의로 대표자나 관리인이 등기를 신청한다.

③ 법인 아닌 사단이 등기의무자로 등기를 신청하는 경우, 사원총회결의서를 첨부정보로 제공하여야 한다.

④ 법인 아닌 재단 명의로 등기하는 경우에는 대표자의 성명·주소·주민등록번호를 함께 기록한다.

⑤ 합유자 중의 1인이 전원의 동의를 얻어 합유지분을 처분하는 경우 합유지분이전등기를 신청하여야 한다.

해설

합유자 중의 1인이 전원의 동의를 얻어 합유지분을 처분하는 경우 합유지분이전등기를 신청할 수 없고 <u>합유명의인 변경등기를 신청하여야</u> 한다.

[참고] 토지의 합유자 甲과 乙 중 乙이 사망한 경우, 특약이 없는 한 甲의 단독소유로 하는 합유명의인 변경등기를 신청하여야 한다.

정답 ⑤

필살키 008　등기권리자·등기의무자

등기권리자와 등기의무자에 관한 설명으로 <u>틀린</u> 것은?

① 실체법상 등기권리자와 절차법상 등기권리자는 일치하지 않는 경우도 있다.

② 절차법상 등기권리자에 해당하는지 여부는 등기기록상 형식적으로 판단해야 하고, 실체법상 권리·의무에 대해서는 고려해서는 안 된다.

③ 부동산이 甲 → 乙 → 丙으로 매도되었으나 등기명의가 甲에게 남아 있어 丙이 乙을 대위하여 乙 명의의 소유권이전등기를 신청하는 경우, 절차법상 등기권리자는 乙이다.

④ 甲 소유로 등기된 토지에 설정된 乙 명의의 전세권을 丙에게 이전하는 등기를 신청하는 경우, 절차법상의 등기의무자는 乙이다.

⑤ 甲에서 乙로 乙에서 丙으로 순차로 소유권이전등기가 이루어졌으나 乙 명의의 등기가 원인무효임을 이유로 甲이 丙을 상대로 丙 명의 등기의 말소를 명하는 확정판결을 얻은 경우, 그 판결에 따른 등기에 있어서 절차법상의 등기권리자는 甲이다.

해설

甲에서 乙로 乙에서 丙으로 순차로 소유권이전등기가 이루어진 상태에서 丙 명의의 소유권이전등기를 말소하면 등기기록에서 소유권은 乙에게 복귀되므로 <u>乙이 절차법상의 등기권리자</u>가 된다.

[참고] 절차법상의 등기권리자란 등기가 실행되었을 때 등기기록에서 권리를 취득하거나 유리하게 된 자를 말한다.

정답 ⑤

필살키 009 단독신청

다음 중 단독으로 신청을 할 수 있는 등기는 모두 몇 개인가?

> ㉠ 전세금 증액에 따른 전세권변경등기
> ㉡ 전세권자가 전세권의 목적인 건물의 소유권을 취득한 경우, 전세권등기의 말소등기
> ㉢ 포괄유증에 의한 소유권이전등기
> ㉣ 매각(경매)으로 인한 소유권이전등기
> ㉤ 수용으로 인한 소유권이전등기
> ㉥ 가등기가처분명령에 의한 가등기

① 2개   ② 3개
③ 4개   ④ 5개
⑤ 6개

해설

㉠ 전세금 증액에 따른 전세권변경등기 – 전세권자와 전세권설정자가 <u>공동</u>으로 신청한다.
㉡ 전세권자가 전세권의 목적인 건물의 소유권을 취득한 경우, 전세권등기의 말소등기 – 혼동으로 전세권이 소멸한 경우이므로 전세권자가 <u>단독</u>으로 신청한다.
〈암기〉 혼신
㉢ 포괄유증에 의한 소유권이전등기 – 수증자를 등기권리자, 상속인 또는 유언집행자를 등기의무자로 하여 <u>공동</u>으로 신청한다.
㉣ 매각(경매)으로 인한 소유권이전등기 – 법원의 <u>촉탁</u>으로 실행한다. 〈암기〉 경촉
㉤ 수용으로 인한 소유권이전등기 – 사업시행자가 <u>단독</u>으로 신청할 수 있다.
㉥ 가등기가처분명령에 의한 가등기 – 가등기권리자가 <u>단독</u>으로 신청할 수 있다. 〈암기〉 가가단

정답 ②

필살키 010 판결에 의한 단독신청

판결에 의한 등기신청에 관한 설명으로 **틀린** 것은?

① 등기절차의 이행 또는 인수를 명하는 판결에 의한 등기는 승소한 등기권리자 또는 등기의무자가 단독으로 신청한다.
② 공유물을 분할하는 판결에 의한 등기는 등기권리자 또는 등기의무자가 단독으로 신청한다.
③ 승소한 등기권리자가 그 판결에 의하여 등기를 신청하지 않는 경우, 패소한 등기의무자는 승소한 등기권리자를 대위하여 등기를 신청할 수 있다.
④ 확정되지 아니한 가집행선고가 붙은 판결에 의하여 등기를 신청한 경우 등기관은 그 신청을 각하하여야 한다.
⑤ 등기절차의 이행을 명하는 확정판결을 받은 경우, 확정 후 10년이 경과하였더라도 그 판결에 의한 등기를 신청할 수 있다.

해설

승소한 등기권리자가 그 판결에 의하여 등기를 신청하지 않는 경우, 패소한 등기의무자는 승소한 등기권리자를 대위하여 등기를 신청할 수 없다. <u>패소한 자가 등기를 신청할 수 있는 경우는 공유물분할판결뿐이다.</u>
[추가] 판결을 받아 등기를 신청하는 경우, 판결정본과 확정증명서를 첨부정보로 제공하여야 한다.

정답 ③

필살키 011　상속인에 의한 등기신청

甲이 乙에게 부동산을 매도한 다음 그에 따른 등기를 하기 전에 사망하였다. 이 경우 乙 명의로 소유권이전등기를 신청하는 방법에 관한 설명으로 **틀린** 것은?

① 甲의 상속인과 乙이 공동으로 소유권이전등기를 신청한다.
② 등기원인은 매매이다.
③ 甲의 상속인 명의로 상속등기를 마친 후 매수인 乙 앞으로 소유권이전등기를 하여야 한다.
④ 신청정보에 기록한 등기의무자의 표시가 등기기록과 부합하지 않더라도 각하되지 않는다.
⑤ 등기의무자인 甲의 상속인은 등기필정보를 제공하여야 한다.

해설

甲의 상속인 명의의 <u>상속등기를 생략</u>하고 직접 매수인 乙 앞으로 소유권이전등기를 하여야 한다.

[**추가1**] 매도인 甲과 매수인 乙이 매매계약을 체결한 후 그에 따른 등기를 하기 전에 <u>매수인 乙이 사망한 경우</u>, 乙의 상속인 명의로 직접 소유권이전등기를 하여야 한다.

[**추가2**] 등기된 부동산에 대한 유증으로 인한 소유권이전등기는 포괄유증이든 특정유증이든 모두 상속등기를 생략하고 유증자로부터 직접 수증자 명의로 등기를 신청하여야 한다.

정답 ③

필살키 012　채권자대위신청

채권자대위권에 의한 등기신청에 관한 설명으로 **틀린** 것은?

① 채무자에게 등기신청권이 없으면 채권자는 채무자를 대위하여 등기를 신청할 수 없다.
② 채권자 甲이 채무자 乙을 대위하여 乙 명의 소유권이전등기를 신청하는 경우 신청인은 채권자 甲이다.
③ 대위신청에 의하여 표제부 및 갑구·을구에 등기를 함에 있어서는 대위자의 성명, 주소 및 대위원인을 기록하여야 한다.
④ 甲, 乙, 丙 순으로 소유권이전등기가 된 상태에서 甲이 乙과 丙을 상대로 원인무효에 따른 말소판결을 얻은 경우 甲이 확정판결에 의해 丙 명의의 등기의 말소를 신청할 때에는 乙을 대위하여 신청하여야 한다.
⑤ 채권자대위신청으로 소유권이전등기를 마친 경우, 등기관은 등기필정보를 작성하여 등기명의인이 된 채무자에게 통지하여야 한다.

해설

채권자대위신청으로 소유권이전등기를 마친 경우, 등기관은 <u>등기필정보를 통지하지 않는다.</u>

[**추가**] 채권자대위신청으로 소유권이전등기를 마친 경우, <u>신청인인 채권자 및 등기권리자인 채무자(=피대위자)</u>에게 등기완료 사실을 통지를 하여야 한다.

정답 ⑤

필살키 013   전자신청 및 대리인신청

전자신청 및 대리인신청에 관한 설명으로 옳은 것은?

① 법인 아닌 사단 명의로 대표자나 관리인이 전자신청을 할 수 있다.

② 전자신청은 사용자등록을 한 자연인(외국인 포함) 및 법인이 할 수 있다.

③ 전자신청을 위한 사용자등록은 신청인의 주소지 및 부동산 소재지 관할 등기소에만 할 수 있다.

④ 전자표준양식(e-Form)에 의한 등기신청의 경우 자격자대리인만이 대리할 수 있다.

⑤ 매수인은 매도인을 대리하여 소유권이전등기를 신청할 수 없다.

해설

① 법인 아닌 사단이나 재단은 <u>전자신청을 할 수 없다.</u>

③ 전자신청을 위한 사용자등록은 <u>관할에 관계없이</u> 아무 등기소에나 할 수 있다.

④ 전자표준양식(e-Form)에 의한 등기신청은 전자신청이 아니라 방문신청이므로 <u>자격자대리인이 아닌 자도 대리할 수 있다.</u>

⑤ 매수인은 매도인을 대리하여 <u>소유권이전등기를 신청할 수 있다.</u> 이를 '자기계약'이라고 한다. 참고로, 등기신청은 쌍방대리 방식으로도 가능하다.

정답 ②

필살키 014   신청정보

등기신청정보에 관한 설명으로 틀린 것은?

① 등기의 신청은 1건당 1개의 부동산에 관한 신청정보를 제공하는 방법으로 하여야 한다.

② 등기목적과 등기원인이 동일하고 같은 등기소의 관할 내에 있는 여러 개의 부동산에 관한 신청정보를 일괄하여 제공하는 방법으로 할 수 있다.

③ 같은 채권의 담보를 위하여 소유자가 다른 여러 개의 부동산에 대한 저당권설정등기를 신청하는 경우 관할 등기소가 다르더라도 1건의 신청정보로 일괄하여 신청할 수 있다.

④ 공매처분으로 인한 권리이전등기, 공매처분으로 인해 소멸한 권리의 말소등기, 체납처분에 관한 압류등기 및 공매공고등기의 말소등기를 1건의 촉탁정보로 일괄하여 촉탁할 수 있다.

⑤ 같은 등기소에 동시에 여러 건의 등기신청을 하는 경우에 첨부정보의 내용이 같은 것이 있을 때에는 먼저 접수되는 신청에만 그 첨부정보를 제공한다.

해설

같은 채권의 담보를 위하여 소유자가 다른 여러 개의 부동산에 대한 저당권설정등기를 신청하는 경우라도 <u>관할 등기소가 다르면 1건의 신청정보로 일괄하여 신청할 수 없다.</u> 즉, 일괄신청하기 위해서는 관할 등기소가 동일하여야 한다.

정답 ③

필살키 015   등기사항으로서 특약

등기할 수 있는 특약 또는 제한사항이 <u>아닌</u> 것은?

① 지상권의 양도 또는 담보제공의 금지특약
② 전세권의 양도 또는 담보제공의 금지특약
③ 공유물 분할금지의 약정
④ 권리(예 지역권)소멸의 약정
⑤ 저당권의 효력이 부합물 및 종물에 미치지 않는다는 약정

해설

① 법령에 근거가 없는 특약사항의 등기를 신청한 경우 그 신청은 각하된다(부동산등기법 제29조 제2호 위반). '지상권의 양도 또는 담보제공의 금지특약'은 법령에 근거가 없는 특약으로 <u>각하사유</u>에 해당한다.
② 전세권자는 전세권을 타인에게 양도 또는 담보로 제공할 수 있고 그 존속기간 내에서 그 목적물을 타인에게 전전세 또는 임대할 수 있다. 그러나 설정행위로 이를 금지한 때에는 그러하지 아니하다(민법 제306조).
③ 공유자는 공유물의 분할을 청구할 수 있다. 그러나 5년 내의 기간으로 분할하지 아니할 것을 약정할 수 있다(민법 제268조 제1항).
⑤ 저당권의 효력은 저당부동산에 부합된 물건과 종물에 미친다. 그러나 법률에 특별한 규정 또는 설정행위에 다른 약정이 있으면 그러하지 아니하다(민법 제358조).

정답 ①

필살키 016   등기필정보의 제공

등기의무자의 권리에 관한 등기필정보의 제공에 관한 설명으로 <u>틀린</u> 것은?

① 등기필정보의 제공은 공동신청 또는 승소한 등기의무자의 단독신청에 의하여 권리에 관한 등기를 신청하는 경우로 한정한다.
② 상속으로 인한 소유권이전등기를 신청할 경우에는 등기필정보의 제공을 요하지 않는다.
③ 등기권리자가 판결에 의하여 소유권이전등기를 신청할 경우에 등기필정보의 제공을 요하지 않는다.
④ 포괄유증을 원인으로 하는 소유권이전등기를 신청할 경우에 등기필정보의 제공을 요하지 않는다.
⑤ 방문신청뿐만 아니라 전자신청도 등기필정보를 멸실하여 제공할 수 없는 경우 자격자대리인의 확인정보로 이를 갈음할 수 있다.

해설

① 등기필정보를 제공하는 경우 : 〈암기〉 필승의공
④ 포괄유증으로 인한 소유권이전등기는 수증자를 등기권리자로 하고 상속인 또는 유언집행자를 등기의무자로 하여 공동으로 신청하므로 <u>등기의무자의 등기필정보를 제공하여야 한다.</u>

정답 ④

필살키 017 등기필정보의 작성·통지

등기필정보의 작성 및 통지에 관한 설명으로 **틀린** 것은?

① 甲 단독소유를 甲·乙 공유로 경정하는 경우, 등기관은 등기필정보를 작성하여 乙에게 통지하여야 한다.

② 소유권이전가등기를 마친 후 등기관은 등기필정보를 작성하여 가등기명의인에게 통지하여야 한다.

③ 등기관은 직권으로 소유권보존등기를 마친 경우, 등기필정보를 보존등기명의인에게 통지하여야 한다.

④ 채권자대위신청에 의한 등기를 마친 경우, 등기관은 등기필정보를 등기권리자에게 통지하지 않는다.

⑤ 등기권리자가 등기필정보의 통지를 원하지 아니하는 경우, 등기관은 등기필정보를 작성하지 아니한다.

해설

등기권리자의 신청으로 등기를 마친 경우 등기관은 등기필정보를 작성하여 등기권리자에게 통지하므로, 직권으로 보존등기를 마친 경우에는 등기필정보를 <u>등기권리자에게 통지하지 않는다.</u>

[추가] 승소한 등기의무자의 단독신청으로 소유권이전등기를 마친 경우, 등기필정보를 등기권리자에게 통지하지 않는다.

정답 ③

필살키 018 농지취득자격증명 및 주소를 증명하는 정보

농지취득자격증명 및 주소를 증명하는 정보의 제공 여부에 대한 설명으로 **틀린** 것은?

① 진정명의회복을 원인으로 소유권이전등기를 신청하는 경우 농지취득자격증명의 제공을 요하지 않는다.

② 공유물분할협의를 원인으로 지분이전등기를 신청하는 경우 농지취득자격증명의 제공을 요하지 않는다.

③ 자식이 부모로부터 농지를 증여받아 소유권이전등기를 신청하는 경우 농지취득자격증명의 제공을 요하지 않는다.

④ 매매계약을 원인으로 소유권이전등기를 신청하는 경우, 매도인인 등기의무자의 주소증명정보를 제공하여야 한다.

⑤ 등기관이 소유권이전등기를 할 때에 등기명의인의 주소변경으로 신청정보상의 등기의무자의 표시가 등기기록과 일치하지 아니하는 경우, 첨부정보로 제공된 주소를 증명하는 정보에 등기의무자의 등기기록상의 주소가 신청정보상의 주소로 변경된 사실이 명백히 나타나면 직권으로 등기명의인표시의 변경등기를 하여야 한다.

해설

농지취득자격증명은 <u>계약을 원인으로 소유권이전등기(〈암기〉 계소리)</u>를 신청하는 경우에 제공하므로 자식이 부모로부터 농지를 증여받아 소유권이전등기를 신청하는 경우 <u>농지취득자격증명을 제공하여야 한다.</u>

정답 ③

필살키 019　대장 및 부동산등기용등록번호

다음 중 대장의 제공 및 부동산등기용등록번호 부여기관에 관한 설명으로 **틀린** 것은?

① 소유권이전가등기를 신청하는 경우 대장을 첨부정보로 제공하여야 한다.

② 합병으로 인한 부동산의 표시변경등기를 신청하는 경우 대장을 제공하여야 한다.

③ 소유권보존등기 및 소유권이전등기를 신청하는 경우 대장을 제공하여야 한다.

④ 국내에 영업소 설치등기를 하지 않은 외국법인의 부동산등기용등록번호는 시장·군수·구청장이 부여한다.

⑤ 외국인의 부동산등기용등록번호는 지방출입국·외국인관서의 장이 부여한다.

해설

① 대장은 표제부등기, 소유권보존등기, 소유권이전등기를 신청하는 경우(〈암기〉 대표보이)에 제공하므로 소유권이전가등기를 신청하는 경우는 제공하지 <u>않는다</u>.

④⑤ 부동산등기용등록번호의 부여기관 : 〈암기〉 재대하고 외출해서 법주 마시고 비시댄다 ※ p.15 참조

정답 ①

필살키 020　등기신청의 접수

등기의 신청 및 접수에 관한 설명으로 **틀린** 것은?

① 등기신청 시 부여되는 접수번호는 1년마다 새로 부여하여야 한다.

② 등기관이 미리 부여받은 식별부호를 기록하면 그 등기는 접수한 때부터 효력을 발생한다.

③ 1동의 건물에 속하는 구분건물 중 일부만에 관하여 소유권보존등기를 신청하는 경우에는 나머지 구분건물의 표시에 관한 등기를 동시에 신청하여야 한다.

④ 환매특약등기와 소유권이전등기는 동일한 신청정보로 동시에 신청하여야 한다.

⑤ 신탁등기와 신탁으로 인한 소유권이전등기는 동일한 신청정보로 동시에 신청하여야 한다.

해설

환매특약등기의 신청정보는 환매특약부 소유권이전등기 신청정보와 <u>별개로 작성</u>하여 동시에 신청하여야 한다.

정답 ④

필살키 021 부동산의 일부와 소유권의 일부

부동산의 일부 및 소유권의 일부에 대한 등기에 관한 설명으로 틀린 것은?

① 건물의 일부에 대한 가압류등기 촉탁은 허용되지 않으므로 등기관은 이를 각하하여야 한다.

② 토지의 일부에 대한 소유권의 이전은 허용되지 않으므로 이를 위해서는 우선 분필등기를 선행해야 한다.

③ 토지의 일부에 대하여 분필등기를 선행하지 않더라도 전세권설정등기를 할 수 있다.

④ 토지의 공유지분에 대한 전세권설정등기는 허용되지 않는다.

⑤ 소유권의 일부이전등기를 신청할 경우에는 미리 분필등기를 선행하여야 한다.

해설

소유권의 일부는 지분을 의미한다. 소유권의 일부인 지분을 이전하기 위해서는 <u>분필등기의 선행을 요하지 않고 바로 이전</u>할 수 있다.

[추가] 소유권의 일부에 대한 이전등기를 신청하는 경우에는 이전되는 지분을 신청정보의 내용으로 등기소에 제공하여야 한다. 이 경우 등기원인에 공유물 분할 금지약정이 있을 때에는 그 약정에 관한 사항도 신청정보의 내용으로 등기소에 제공하여야 한다.

정답 ⑤

필살키 022 등기신청의 각하(1)

다음의 등기신청 중 각하사유에 해당하는 것은?

① 수인의 가등기권리자 중 1인이 자기 지분만의 본등기를 신청하는 경우

② 처분금지가처분에 반하는 소유권이전등기를 신청한 경우

③ 가등기상의 권리에 대한 처분금지가처분등기를 촉탁한 경우

④ 가등기에 기한 본등기를 금지하는 가처분등기를 촉탁한 경우

⑤ 법원의 가등기가처분명령에 의하여 가등기권리자가 단독으로 가등기를 신청한 경우

해설

가등기에 기한 본등기를 금지하는 가처분등기를 촉탁한 경우 각하사유에 해당한다. 〈암기〉 합격금지 가처분
참고로, ③ 가등기상의 권리에 대한 처분금지가처분등기를 촉탁한 경우는 각하사유에 해당하지 않는다.

정답 ④

필살키 023 등기신청의 각하(2)

다음의 등기신청 중 각하사유에 해당하지 않는 것은?

① 대지권이 등기된 구분건물의 등기기록에 건물만을 목적으로 소유권이전등기를 신청한 경우
② 관공서 또는 법원의 촉탁으로 실행되어야 할 등기를 신청한 경우
③ 채무자 甲 소유 토지에 대하여 채권자 乙이 가압류등기를 신청한 경우
④ 매각처분으로 인한 소유권이전등기를 매수인이 신청한 경우
⑤ 주택 전부에 대한 전세권설정등기 후 동일인 명의로 임차권등기명령에 의한 주택임차권등기를 촉탁한 경우

해설

① '구분건물의 전유부분과 대지사용권의 분리처분 금지에 위반한 등기를 신청한 경우'로서 각하사유에 해당한다.
⑤ 용익권과 용익권은 중복해서 설정할 수 없는 것이 원칙이다. 다만, 전세권의 목적 부동산이 매각된 경우 전세금 전액을 배당받지 못하더라도 전세권은 소멸하는 반면, 임차권등기명령에 의한 주택임차권자는 반환받지 못한 보증금에 대하여 매수인(경락인)에게 대항할 수 있으므로 주택 전부에 대한 전세권설정등기 후 동일인 명의로 임차권등기명령에 의한 주택임차권등기를 촉탁한 경우 등기관은 이를 수리하여야 한다.

정답 ⑤

필살키 024 등기신청의 각하(3)

등기관이 직권으로 말소할 수 없는 등기는?

① 실체관계와 부합하지만, 위조된 인감증명에 의하여 마쳐진 소유권이전등기
② 농지에 대하여 마쳐진 전세권설정등기
③ 「하천법」상 하천을 목적으로 마쳐진 지상권설정등기
④ 甲 소유 토지에 대하여 마쳐진 乙 명의의 주위토지통행권등기
⑤ 이미 甲 명의의 소유권보존등기가 된 부동산에 대하여 다시 실행된 甲 명의의 소유권보존등기

해설

① 법 제29조 제9호 위반의 등기로 직권말소의 대상이 아니다.
②③④⑤ 법 제29조 제2호 위반의 등기로 직권말소의 대상이다.

정답 ①

필살키 025 　이의신청

등기관의 결정 또는 처분에 대한 이의에 관한 설명으로 옳은 것을 모두 고른 것은?

> ㉠ 이의에는 집행정지의 효력이 있다.
> ㉡ 등기관의 결정에 이의가 있는 자는 관할 지방법원에 이의신청을 할 수 있다.
> ㉢ 이의신청자는 새로운 사실을 근거로 이의신청을 할 수 있다.
> ㉣ 등기관의 처분에 대한 당부의 판단은 이의심사 시를 기준으로 한다.

① ㉡
② ㉠, ㉡
③ ㉠, ㉢
④ ㉡, ㉢
⑤ ㉡, ㉣

해설

㉠ 이의에는 집행정지의 효력이 <u>없다</u>.
㉡ 등기관의 결정에 이의가 있는 자는 관할 지방법원에 이의신청을 할 수 있다. 다만, 이의신청서는 등기소에 제출한다.
㉢㉣ 등기관의 처분에 대한 당부의 판단은 등기관의 <u>처분이나 결정 시</u>를 기준으로 하기 때문에 이의신청자는 새로운 사실이나 새로운 증거방법을 근거로 <u>이의신청을 할 수 없다</u>.

정답 ①

필살키 026 　소유권보존등기

소유권보존등기의 신청에 관한 설명으로 옳은 것은?

① 토지대장에 최초의 소유자로 등록되어 있는 자로부터 토지를 매수한 자는 직접 자기 명의로 소유권보존등기를 신청할 수 있다.
② 미등기토지의 토지대장에 '국'으로부터 소유권이전등록을 받은 자는 '국' 명의의 소유권보존등기를 마친 후 소유권이전등기를 하여야 한다.
③ 토지대장상 최초의 소유자로 등록되어 있는 자로부터 부동산을 포괄유증받은 자는 직접 자기 명의로 소유권보존등기를 신청할 수 없다.
④ 甲 소유임을 이유로 乙 명의의 소유권보존등기의 말소를 명한 판결에 의하여 甲 명의의 소유권보존등기를 신청할 수 없다.
⑤ 미등기주택에 대하여 법원의 임차권등기명령에 의한 임차권등기의 촉탁이 있는 경우 등기관은 직권으로 보존등기를 한다.

해설

① 토지를 매수한 자는 최초의 소유자가 아니므로 자기 명의로 소유권보존등기를 신청할 수 <u>없다</u>.
② 토지대장에 '국'으로부터 소유권이전등록을 받은 자는 직접 <u>자기 명의로 소유권보존등기를 신청할 수 있다</u>.
③ 토지대장상 최초의 소유자로 등록되어 있는 자로부터 포괄유증을 받은 자는 직접 자기 명의로 소유권보존등기를 <u>신청할 수 있다</u>. 반면, 토지대장상 최초의 소유자로부터 특정유증을 받은 자는 상속인 명의의 보존등기를 거쳐 수증자 명의로 소유권이전등기를 신청하여야 한다.
④ 甲의 소유라는 사실이 판결에 의하여 확인되므로 동판결에 의하여 甲 명의의 보존등기를 <u>신청할 수 있다</u>.

정답 ⑤

필살키 027　매매로 인한 소유권이전등기

2024년에 체결된 「부동산 거래신고 등에 관한 법률」 제3조 제1항 제1호의 부동산 매매계약의 계약서를 등기원인증서로 하는 소유권이전등기에 관한 설명으로 틀린 것은?

① 신청인은 위 법률에 따라 신고한 거래가액을 신청정보의 내용으로 등기소에 제공해야 한다.
② 신청인은 시장·군수 또는 구청장이 제공한 거래계약신고필증정보를 첨부정보로서 등기소에 제공해야 한다.
③ 신고 관할 관청이 같은 거래부동산이 2개 이상인 경우, 신청인은 매매목록을 첨부정보로서 등기소에 제공해야 한다.
④ 거래부동산이 1개인 경우는 여러 명의 매도인과 여러 명의 매수인 사이의 매매계약이더라도 매매목록을 첨부정보로서 등기소에 제공하지 않는다.
⑤ 등기관은 거래가액을 등기기록 중 갑구의 '권리자 및 기타 사항란'에 기록하는 방법으로 등기한다.

해설
거래부동산이 1개라 하더라도 여러 명의 매도인과 여러 명의 매수인 사이의 매매계약인 경우에는 매매목록을 첨부정보로서 등기소에 제공해야 한다.

정답 ④

필살키 028　유증으로 인한 소유권이전등기

유증을 원인으로 한 소유권이전등기 절차에 관한 설명으로 틀린 것은?

① 포괄유증의 경우는 등기가 없더라도 물권변동의 효력이 발생하지만, 특정유증의 경우는 등기를 하여야 물권변동의 효력이 발생한다.
② 유증을 원인으로 한 소유권이전등기는 포괄유증이나 특정유증을 불문하고 수증자를 등기권리자, 상속인 또는 유언집행자를 등기의무자로 하여 공동으로 신청한다.
③ 유증으로 인한 소유권이전등기를 신청할 때에 등기필정보를 제공하여야 한다.
④ 등기된 부동산에 대하여 특정유증이 있는 경우 상속인 명의의 상속등기를 거쳐 수증자 명의로 소유권이전등기를 하여야 한다.
⑤ 유증으로 인한 소유권이전등기청구권 보전가등기는 유증자가 생존 중인 경우에는 수리할 수 없고, 유증자가 사망한 후인 경우에는 수리할 수 있다.

해설
등기된 부동산에 대하여는 포괄유증이나 특정유증을 불문하고 상속인 명의의 등기를 생략하고 직접 수증자 명의로 소유권이전등기를 신청하여야 한다.

[추가] 미등기부동산의 토지대장상 최초의 소유자로 등록된 자로부터 부동산을 포괄유증받은 자는 직접 자기 명의로 소유권보존등기를 할 수 있지만, 미등기부동산의 토지대장상 최초의 소유자로 등록된 자로부터 부동산을 특정유증받은 자는 직접 자기 명의로 소유권보존등기를 할 수 없고 상속인 명의의 소유권보존등기를 거쳐 수증자 명의로 소유권이전등기를 하여야 한다.

정답 ④

필살키 029   신탁등기

「신탁법」상 신탁등기에 관한 설명으로 <u>틀린</u> 것은?

① 신탁재산에 속하는 부동산의 신탁등기는 수탁자가 단독으로 신청한다.

② 신탁등기의 신청은 해당 부동산에 관한 권리의 설정등기, 보존등기, 이전등기 또는 변경등기의 신청과 함께 1건의 신청정보로 일괄하여 하여야 한다.

③ 수익자가 수탁자를 대위하여 신탁등기를 신청할 경우, 해당 부동산에 대한 권리의 설정등기와 동시에 신청할 것을 요하지 않는다.

④ 수탁자가 여러 명인 경우 등기관은 신탁재산이 합유인 뜻을 기록하여야 한다.

⑤ 등기관이 신탁재산에 속하는 부동산에 관한 권리에 대하여 수탁자의 변경으로 인한 이전등기를 할 경우, 수탁자는 단독으로 그 부동산에 관한 신탁원부 기록의 변경등기를 신청하여야 한다.

해설

등기관이 신탁재산에 속하는 부동산에 관한 권리에 대하여 수탁자의 변경으로 인한 이전등기를 할 경우, <u>등기관은 직권으로</u> 그 부동산에 관한 신탁원부 기록의 변경등기를 하여야 한다.

[추가1] 신탁등기는 권리의 이전 또는 보존이나 설정등기와 함께 하나의 순위번호를 사용한다.

[추가2] 신탁재산이 수탁자의 고유재산이 되었을 때에는 그 뜻의 등기를 주등기로 하여야 한다.

[추가3] 신탁가등기도 가능하다.

정답 ⑤

필살키 030   수용으로 인한 소유권이전등기

수용으로 인한 소유권이전등기 절차에 관한 설명으로 <u>틀린</u> 것은?

① 국가 또는 지방자치단체가 등기권리자(= 사업시행자)인 경우에 국가 또는 지방자치단체는 지체 없이 수용으로 인한 소유권이전등기를 등기소에 촉탁하여야 한다.

② 토지를 수용한 한국토지주택공사 명의의 소유권이전등기는 사업시행자가 단독으로 신청할 수 있다.

③ 수용으로 인한 소유권이전등기를 하는 경우, 사업시행자는 그 목적물에 설정되어 있는 전세권설정등기의 말소등기를 단독으로 신청하여야 한다.

④ 수용으로 인한 소유권이전등기의 신청 또는 촉탁이 있는 경우, 그 부동산을 위하여 존재하는 지역권등기는 말소하지 아니한다.

⑤ 토지수용의 재결이 실효된 경우, 토지수용으로 인한 소유권이전등기의 말소등기는 등기권리자와 등기의무자가 공동으로 신청한다.

해설

수용으로 인한 소유권이전등기를 하는 경우, <u>등기관은</u> 그 목적물에 설정되어 있는 전세권설정등기 등 제한물권등기나 처분제한등기를 <u>직권으로 말소</u>한다.

정답 ③

필살카 031 진정명의회복, 환매특약등기

소유권이전등기에 관한 설명으로 틀린 것은?

① 진정명의회복을 원인으로 소유권이전등기를 신청하는 경우 등기원인은 '진정명의회복'으로 기록하지만, 등기원인일자는 기록하지 않는다.

② 등기원인의 무효로 인해 진정한 소유자가 소유권을 회복하는 방법으로 소유권말소등기를 하지 않고 소유권이전등기를 한 경우 그 등기는 유효하다.

③ 환매특약등기를 신청하는 경우, 신청정보에 매수인이 지급한 매매대금과 매매비용 및 환매기간을 제공하여야 한다.

④ 환매특약등기의 신청정보는 환매특약부 소유권이전등기 신청정보와 별개로 작성하여 동시에 신청하여야 한다.

⑤ 환매특약등기는 매수인의 환매특약부 소유권이전등기에 부기등기로 실행하고, 그 이전등기는 부기등기의 부기등기로 실행한다.

해설

환매특약등기를 신청하는 경우, 매수인이 지급한 매매대금과 매매비용은 제공하여야 하지만, 환매기간은 임의적 사항으로 등기원인에 정해진 경우만 제공한다.

[추가] 환매특약등기는 소유권이전등기의 신청정보와 '별개로' 작성해서 동시에 신청하여야 한다. 반면, 신탁등기는 소유권이전등기 등과 '1건의 신청정보로' 동시에 신청하여야 한다.

정답 ③

필살카 032 공동소유

공동소유에 관한 등기에 대한 설명으로 옳은 것은? (다툼이 있으면 판례에 따름)

① 공유자 중 1인의 지분포기로 인한 소유권이전등기는 지분을 포기한 공유자가 단독으로 신청한다.

② 등기된 공유물 분할금지기간 약정을 갱신하는 경우, 공유자 중 1인이 단독으로 변경등기를 신청할 수 있다.

③ 공유자 전원이 그 소유관계를 합유로 변경하는 경우, 변경계약을 등기원인으로 이전등기를 신청해야 한다.

④ 합유등기를 하는 경우, 합유자의 이름과 각자의 지분비율이 기록되어야 한다.

⑤ 1필지의 토지 일부를 특정하여 구분소유하기로 하고 1필지 전체에 공유지분등기를 마친 경우, 대외관계에서는 1필지 전체에 공유관계가 성립한다.

해설

① 공유자 중 1인의 지분포기로 인한 소유권이전등기는 지분을 포기한 공유자를 등기의무자로 하고, 취득하는 공유자를 등기권리자로 하여 공동으로 신청한다.

② 등기된 공유물 분할금지기간 약정을 갱신하는 경우, 공유자 전원이 공동으로 변경등기를 신청할 수 있다.

③ 공유자 전원이 그 소유관계를 합유로 변경하는 경우, 변경계약을 등기원인으로 소유권변경등기를 신청해야 한다.

④ 합유등기를 하는 경우, 합유자의 이름은 기록하지만, 합유자의 지분비율은 기록하지 않는다.

정답 ⑤

필살키 033　지상권등기

지상권설정등기에 관한 설명으로 틀린 것은?

① 지상권설정의 목적과 범위는 필요적 기록사항이지만, 지료 및 존속기간은 등기원인에 약정이 있는 경우에만 이를 기록한다.
② 농지에 대하여 지상권을 설정할 수 있다.
③ 분필등기를 거치지 않더라도 1필의 토지 일부에 대한 지상권설정등기를 할 수 있다.
④ 상속으로 인한 지상권이전등기는 부기등기로 한다.
⑤ 동일 토지에 관하여 지상권이 미치는 범위가 서로 다른 2개 이상의 구분지상권은 그 토지의 등기기록에 각기 따로 등기할 수 없다.

해설
동일 토지에 관하여 지상권이 미치는 범위가 서로 다른 2개 이상의 구분지상권을 그 토지의 등기기록에 각기 따로 등기할 수 있다. 예를 들어, 지상으로는 송전선을 소유하고, 지하로는 송유관을 소유하기 위한 구분지상권이 가능하다.
[추가] 구분지상권설정등기를 신청하는 경우, 지적도면을 첨부정보로 제공하지 않는다.

정답 ⑤

필살키 034　지역권등기

지역권의 등기에 관한 설명으로 틀린 것은?

① 지역권설정등기를 승역지를 관할하는 등기소에 신청하면, 요역지지역권은 등기관이 직권으로 등기한다.
② 지역권설정등기는 요역지권리자(= 지역권자)를 등기권리자, 승역지권리자(= 지역권설정자)를 등기의무자로 하여 공동으로 신청한다.
③ 지역권설정등기 신청정보에는 부동산의 표시 등 일반적 기록사항 외에 지역권설정의 목적, 범위 및 요역지를 제공하여야 한다.
④ 지역권설정등기는 항상 부기등기로 실행한다.
⑤ 요역지의 소유권이 이전되면 지역권은 별도의 등기 없이도 이전된다.

해설
승역지의 소유자가 설정한 지역권설정등기는 주등기로 실행하지만, 승역지의 지상권자나 전세권자가 설정한 지역권설정등기는 부기등기로 실행한다.

정답 ④

필살키 035　전세권등기

전세권에 관한 설명으로 틀린 것은?

① 전세금반환채권의 일부양도를 원인으로 한 전세권 일부이전등기는 전세권이 소멸한 경우에만 할 수 있다.
② 등기관이 전세금반환채권의 일부양도를 원인으로 하여 전세권 일부이전등기를 할 때에는 양도액을 기록하여야 한다.
③ 전전세는 전세권의 존속기간 내에서만 허용된다.
④ 전세권설정등기가 마쳐진 후에 건물전세권의 존속기간이 만료되어 법정갱신이 된 경우, 존속기간 연장을 위한 변경등기를 하지 않더라도 그 전세권에 대한 저당권설정등기를 할 수 있다.
⑤ 전세권의 목적인 범위가 건물의 일부로서 특정 층 전부인 경우에는 전세권설정등기 신청서에 그 층의 도면의 제공을 요하지 않는다.

해설

전세권설정등기가 된 후에 건물전세권의 존속기간이 만료되어 법정갱신이 된 경우, 존속기간 연장을 위한 변경등기를 하지 않으면 그 전세권에 대한 <u>저당권설정등기를 할 수 없다.</u>

정답 ④

필살키 036　임차권등기

임차권등기에 관한 설명으로 틀린 것은?

① 임차권설정등기에서 범위 및 차임은 필요적 사항이지만, 보증금은 등기원인에 그 약정이 있는 경우에만 기록한다.
② 부동산의 일부가 아닌 공유자의 공유지분에 대한 주택임차권등기 촉탁은 수리할 수 없다.
③ 임차권의 이전 및 임차물전대의 등기는 임차권등기에 부기등기의 형식으로 한다.
④ 임차권등기명령에 의한 주택임차권등기가 마쳐진 경우, 그 등기에 기초한 임차권이전등기는 부기등기의 형식으로 한다.
⑤ 임차권등기명령에 의한 주택임차권등기에는 임대차계약일자, 주민등록일자, 점유개시일자, 확정일자, 보증금 등을 기록하여야 한다.

해설

임차권등기명령에 의한 주택임차권은 이미 존속기간 경과로 소멸하였으므로 그 등기에 기초한 임차권이전등기는 <u>허용되지 않는다.</u>

정답 ④

필살키 037　저당권등기(1)

(근)저당권등기에 관한 설명으로 틀린 것은?

① 일정한 금액을 목적으로 하지 아니하는 채권을 담보하기 위한 저당권설정등기를 할 수 있는데, 이 경우 채권의 평가액을 기록하여야 한다.

② 여러 명을 채권자로 하는 하나의 근저당권설정계약을 체결한 경우, 각 채권자별로 채권최고액을 구분하여 기록할 수 없다.

③ 근저당권설정등기 시 등기원인에 존속기간 및 변제기의 약정이 있는 경우, 이를 등기기록에 기록하여야 한다.

④ 저당권설정등기 후 저당권이 제3자에게 이전된 경우, 주등기인 설정등기만 말소신청하면 부기등기인 이전등기는 등기관이 직권으로 말소한다.

⑤ 저당권설정 후 소유권이 제3자에게 이전된 경우, 제3취득자 또는 저당권설정자는 저당권자와 공동으로 저당권의 말소등기를 신청할 수 있다.

해설

③ 근저당권설정등기에서 변제기는 등기사항이 아니므로 등기원인에 변제기의 약정이 있더라도 이를 등기기록에 <u>기록할 수 없다</u>. 반면, 존속기간은 등기사항이므로 등기원인에 존속기간의 약정이 있는 경우 이를 기록하여야 한다.

④ 저당권이 이전된 후 저당권의 양수인은 소유자인 저당권설정자와 공동으로 그 저당권말소등기를 신청할 수 있다.

정답 ③

필살키 038　저당권등기(2)

甲 소유의 부동산에 대하여 乙 명의의 저당권등기가 마쳐진 후 그 저당권이 丙에게 이전되었다. 甲이 채무를 변제한 경우 저당권등기의 말소방법에 관한 설명으로 옳은 것은?

① 甲은 丙을 등기의무자로 하여 乙 명의의 저당권설정등기와 丙 명의의 저당권이전등기의 말소를 신청하여야 한다.

② 甲은 乙을 등기의무자로 하여 저당권설정등기의 말소를 신청하여야 한다.

③ 甲은 丙을 등기의무자로 하여 丙 명의의 저당권이전등기의 말소를 신청하여야 한다.

④ 甲은 乙과 丙을 등기의무자로 하여 저당권설정등기의 말소를 신청하여야 한다.

⑤ 甲은 丙을 등기의무자로 하여 甲·乙 사이에 이루어진 저당권설정등기의 말소를 신청하여야 한다.

해설

저당권설정등기 후 저당권이 이전된 경우의 말소등기는 저당권설정자(甲)가 등기권리자가 되고 저당권의 양수인(丙)이 등기의무자가 되어 공동으로 신청한다. 이 경우 주등기인 저당권설정등기를 말소신청하면 부기등기인 이전등기는 등기관이 직권으로 말소한다.

정답 ⑤

필살키 039　저당권등기(3)

(근)저당권등기에 관한 설명으로 틀린 것은?

① 저당권의 이전등기를 신청하는 경우 저당권이 채권과 함께 이전한다는 뜻을 신청정보의 내용으로 등기소에 제공하여야 한다.

② 채권의 일부양도를 원인으로 저당권의 일부이전등기를 신청할 수 있지만, 채권의 일부 대위변제로 인한 저당권의 일부이전등기를 신청할 수는 없다.

③ 피담보채권이 확정되기 전에는 그 피담보채권의 양도를 등기원인으로 근저당권이전등기를 신청할 수 없다.

④ 여러 개의 부동산에 관한 권리를 목적으로 하는 저당권설정등기를 신청하는 경우에는 각 부동산에 관한 권리의 표시를 신청정보의 내용으로 등기소에 제공하여야 한다.

⑤ 등기관은 공동저당의 목적부동산의 수가 5개 이상인 때에는 공동담보목록을 작성하여야 한다.

해설

채권의 일부양도뿐만 아니라 채권의 일부 대위변제로 인한 저당권의 일부이전등기를 신청할 수 있다. 이 경우 양도액 또는 변제액을 신청정보의 내용으로 제공하여야 한다.

정답 ②

필살키 040　저당권등기(4)

담보물권에 관한 설명으로 틀린 것은?

① 후순위 저당권자로서 대위등기를 할 경우, 저당권설정자가 등기의무자가 되고 후순위 저당권자가 등기권리자가 되어 공동으로 신청한다.

② 공동저당 대위등기는 대위등기의 목적이 된 저당권등기에 부기등기로 실행한다.

③ 등기관이 공동저당 대위등기를 할 때에는 매각부동산, 매각대금, 선순위 저당권자가 변제받은 금액을 기록하여야 한다.

④ 권리질권등기는 저당권자가 등기의무자가 되고, 권리질권자가 등기권리자가 되어 공동으로 신청한다.

⑤ 저당권으로 담보한 채권을 질권의 목적으로 한 때에는 그 저당권등기에 질권의 부기등기를 하여야 그 효력이 저당권에 미친다.

해설

후순위 저당권자로서 공동저당의 대위등기를 신청하는 경우, 선순위 저당권자가 등기의무자가 되고 후순위 저당권자가 등기권리자가 되어 공동으로 신청한다.

정답 ①

필살키 041 변경등기

변경등기에 관한 설명으로 틀린 것은?

① 행정구역 또는 그 명칭이 변경되었을 때에는 등기기록에 기록된 행정구역 또는 그 명칭에 대하여 변경등기가 있는 것으로 본다.

② 행정구역 또는 그 명칭의 변경이 있는 때에는 등기관이 직권으로 부동산의 표시변경등기 또는 등기명의인의 주소변경등기를 할 수 있다.

③ 토지의 지목변경이 있는 경우에는 소유권의 등기명의인은 1개월 이내에 부동산의 표시변경등기를 신청하여야 하지만, 이를 위반하더라도 과태료는 부과되지 않는다.

④ 부동산의 표시변경에 따른 변경등기를 신청하는 경우 첨부정보로 도면을 제공하여야 한다.

⑤ 행정구역 및 그 명칭변경으로 인한 부동산의 표시변경등기는 주등기로 실행한다.

해설

부동산의 표시변경에 따른 변경등기를 신청하는 경우 등기신청정보에 첨부정보로 대장정보를 제공하여야 한다. 참고로, 도면은 부동산의 일부에 용익권을 설정하는 경우 제공한다.

정답 ④

필살키 042 변경등기 · 경정등기

변경등기 및 경정등기에 관한 설명으로 틀린 것은?

① 등기명의인의 표시변경등기는 항상 부기등기로 실행한다.

② 권리의 변경등기는 등기상 이해관계인의 승낙서를 첨부하면 주등기로 실행하고, 승낙서를 첨부하지 못하면 부기등기로 실행한다.

③ 경정등기란 원시적으로 착오 또는 빠진 사항이 있어 등기기록과 실체관계에 일부 불일치가 발생한 경우 이를 바로잡기 위한 등기를 말한다.

④ 당사자의 신청착오로 저당권설정등기를 전세권설정등기로 실행한 경우, 그 착오가 명백하더라도 전세권설정등기를 저당권설정등기로 경정할 수 없다.

⑤ 직권으로 경정등기를 마친 등기관은 등기권리자와 등기의무자가 각 2인 이상인 경우에는 그중 1인에게 통지하면 된다.

해설

권리의 변경등기는 등기상 이해관계인의 승낙서를 첨부하면 부기등기로 실행하고, 승낙서를 첨부하지 못하면 주등기로 실행한다.

정답 ②

필살키 043 　말소등기(1)

다음 중 등기관이 직권으로 말소할 수 있는 등기가 <u>아닌</u> 것은?

① 법령에 근거가 없는 특약사항이 등기된 경우의 말소등기
② 지상권을 목적으로 양도나 담보제공금지특약이 등기된 경우의 말소등기
③ 환매에 의한 권리취득의 등기를 하였을 때 환매특약등기의 말소등기
④ 채권자 乙의 신청에 의하여 마쳐진 甲 소유 토지에 대한 가압류등기의 말소등기
⑤ 재판에 의하여 원인무효임이 판명된 소유권보존등기의 말소등기

해설

재판에 의하여 원인무효임이 판명된 소유권보존등기의 말소등기는 승소한 자가 판결정본을 첨부하여 <u>보존등기명의인을 대위하여 말소등기를 신청할 수 있다.</u>

정답 ⑤

필살키 044 　말소등기(2)

말소등기에 있어서 등기상 이해관계 있는 제3자에 관한 설명으로 틀린 것은?

① 말소등기를 신청하는 경우, 그 말소에 대하여 등기상 이해관계 있는 제3자가 있는 때에는 그 자의 승낙서 등을 첨부하여야 한다.
② 전세권을 말소하는 데 있어 전세권을 목적으로 하는 저당권자는 등기상 이해관계인에 해당한다.
③ 말소등기 신청 시 등기상 이해관계 있는 제3자의 승낙이 있는 경우, 그 제3자 명의의 등기는 등기권리자의 단독신청으로 말소한다.
④ 말소등기를 하는 데 있어 말소등기와 등기기록상 양립할 수 없는 자는 등기상 이해관계인이 될 수 없다.
⑤ 甲 → 乙 → 丙 순으로 소유권이전등기가 된 상태에서 乙 명의의 소유권이전등기를 말소하는 경우 丙은 등기상 이해관계 있는 제3자에 해당하지 않는다.

해설

말소등기 신청 시 등기상 이해관계 있는 제3자의 승낙이 있는 경우, 그 제3자 명의의 등기는 <u>등기관이 직권으로 말소</u>한다.

정답 ③

필살키 045 부기등기

다음 중 부기등기 형식으로 실행하는 등기는 모두 몇 개인가?

> ㉠ 혼동에 의한 전세권말소등기
> ㉡ 전세권에 대한 가압류등기
> ㉢ 가등기상의 권리에 대한 가처분등기
> ㉣ 지상권을 목적으로 하는 저당권설정등기
> ㉤ 권리소멸의 약정등기
> ㉥ 포괄유증으로 인한 소유권이전등기
> ㉦ 전세금 증액에 따른 전세권변경등기(이해관계인의 승낙서를 첨부한 경우)
> ㉧ 등기사항의 전부에 대한 말소회복등기
> ㉨ 분할로 인한 부동산의 표시변경등기

① 3개   ② 4개
③ 5개   ④ 6개
⑤ 7개

해설

㉠ 말소등기는 항상 <u>주등기</u> 형식으로 실행한다.
㉡㉢ 소유권 외의 권리에 대한 가압류등기나 가처분등기는 부기등기 형식으로 실행한다.
㉣ 소유권 외의 권리에 대한 저당권설정등기이므로 부기등기 형식으로 실행한다.
㉤ '약정'이나 '특약'이 들어가는 경우 부기등기 형식으로 실행한다.
㉥ 소유권이전등기이므로 <u>주등기</u> 형식으로 실행한다.
㉦ 승낙서를 첨부했으므로 부기등기 형식으로 실행한다.
㉧ <u>전부 말소회복등기는 <u>주등기</u></u>, 일부 말소회복등기는 부기등기 형식으로 실행한다. 〈암기〉 전주일부
㉨ 표제부등기이므로 <u>주등기</u> 형식으로 실행한다.

정답 ③

필살키 046 가등기(1)

가등기에 관한 설명으로 틀린 것은?

① 가등기를 명하는 법원의 가처분명령이 있는 경우, 법원의 촉탁에 의하여 가등기를 실행한다.
② 가등기를 명하는 가처분명령은 부동산소재지를 관할하는 지방법원이 할 수 있다.
③ 임차권이나 근저당권은 가등기의 목적이 될 수 있다.
④ 가등기명의인은 단독으로 가등기의 말소를 신청할 수 있다.
⑤ 가등기에 관하여 등기상 이해관계 있는 자는 가등기명의인의 승낙을 받아 단독으로 가등기의 말소를 신청할 수 있다.

해설

가등기를 명하는 법원의 가처분명령이 있는 경우, 가등기권리자는 가등기가처분명령정본을 첨부하여 <u>단독으로 가등기를 신청</u>할 수 있다. 〈암기〉 가가단
[참고] 처분금지가처분등기는 법원의 촉탁으로 실행한다. 〈암기〉 처가촉

정답 ①

필살키 047 가등기(2)

가등기에 관한 설명으로 틀린 것은?

① 가등기로 보전하고자 하는 청구권이 장래에 확정될 것인 경우에도 가등기의 대상이 될 수 있다.

② 소유권보존등기는 가등기의 대상이 될 수 없다.

③ 가등기에 의하여 보전된 소유권이전청구권을 양도한 경우, 그 청구권의 이전등기는 가등기에 대한 부기등기로 한다.

④ 소유권이전청구권보전가등기 후에 소유권이 제3자에게 이전된 경우 본등기신청의 등기의무자는 제3취득자가 아니라 가등기 당시의 소유자이다.

⑤ 수인의 가등기권리자가 있는 경우, 일부의 가등기권리자는 가등기권리자 전원 명의의 본등기를 신청할 수 있다.

해설

수인의 가등기권리자가 있는 경우, 일부의 가등기권리자는 공유물보존행위에 준하여 가등기권리자 전원 명의의 본등기를 신청할 수 없다. 반면, 일부의 가등기권리자가 자기의 가등기지분만에 대하여 본등기를 신청할 수 있다.

〈암기〉 지가유

정답 ⑤

필살키 048 가등기(3)

가등기에 기한 본등기 절차에 관한 설명으로 틀린 것은?

① 가등기에 기하여 본등기를 하는 경우 본등기의 순위번호를 별도로 기록하지 않는다.

② 가등기에 기하여 본등기를 하는 경우 해당 가등기는 직권말소의 대상이 아니다.

③ 소유권이전청구권보전가등기에 기하여 소유권이전의 본등기를 한 경우 해당 가등기상 권리를 목적으로 하는 가압류등기는 등기관이 직권으로 말소한다.

④ 지상권설정등기청구권보전가등기에 의하여 본등기를 한 경우, 가등기 후 본등기 전에 마쳐진 해당 토지에 대한 임차권설정등기는 등기관이 직권으로 말소한다.

⑤ 저당권설정가등기에 의하여 저당권설정의 본등기를 한 경우 가등기 후 본등기 전에 마쳐진 임차권설정등기는 직권말소의 대상이 아니다.

해설

소유권이전청구권보전가등기에 기하여 소유권이전의 본등기를 한 경우 해당 가등기상 권리를 목적으로 하는 가압류등기는 말소의 대상이 아니다. 가등기의무자가 설정한 등기나 가등기의무자를 목적으로 한 등기는 말소의 대상이 되지만, 가등기명의인을 목적으로 한 등기는 말소의 대상이 아니다.

정답 ③

필살카 049   가등기(4)

A건물에 대해 甲이 소유권이전등기청구권보전가등기를 2024.5.9.에 하였다. 甲이 이 가등기에 의해 2024.10.26. 소유권이전의 본등기를 한 경우, A건물에 있던 다음 등기 중 직권으로 말소할 수 있는 등기는?

① 위 가등기상의 권리를 목적으로 2024.7.8.에 한 가압류등기
② 2024.3.4.에 마쳐진 담보가등기에 의해 2024. 10.1.에 한 임의경매개시결정등기
③ 甲에게 대항할 수 있는 주택임차권에 의해 2024. 9.4.에 한 주택임차권등기
④ 2024.5.15.에 마쳐진 근저당권에 의해 2024. 10.10.에 한 임의경매개시결정등기
⑤ 2024.1.5.에 마쳐진 가압류등기에 의해 2024. 9.6.에 한 강제경매개시결정등기

해설

가등기 전에 마쳐진 근저당권이나 전세권에 기한 임의경매개시결정등기는 본등기 후 직권말소의 대상이 아니지만, 가등기 후에 마쳐진 근저당권이나 전세권 및 담보가등기에 기한 임의경매개시결정등기는 본등기 후 직권말소의 대상이 된다.

정답 ④

필살카 050   가압류등기 및 가처분등기

가압류등기 및 가처분등기에 관한 설명으로 틀린 것은?

① 가압류가 등기된 부동산에 대하여 근저당권설정등기를 신청할 수 있다.
② 가압류등기의 말소등기는 등기권리자와 등기의무자가 공동으로 신청하여야 한다.
③ 처분금지가처분이 등기된 부동산에 대하여 소유권이전등기를 신청할 수 있다.
④ 가처분채권자의 본안 승소판결에 의하여 소유권이전등기를 신청하는 경우, 가처분등기 이후에 마쳐진 소유권이전등기는 가처분채권자의 단독신청으로 말소한다.
⑤ 가처분채권자의 본안 승소판결에 의하여 소유권이전등기를 신청하는 경우, 그 가처분등기는 등기관이 직권으로 말소한다.

해설

가압류등기는 <u>법원의 촉탁</u>으로 말소하는 것이 원칙이다.

정답 ②

필살키 p.29   합격서 p.12

필살키 051   토지의 조사 및 등록

공간정보의 구축 및 관리 등에 관한 법령상 토지의 조사 및 등록에 대한 설명으로 <u>틀린</u> 것은?

① 국토교통부장관은 모든 토지에 대하여 필지별로 소재·지번·지목·면적·경계 또는 좌표 등을 조사·측량하여 지적공부에 등록하여야 한다.

② 지적공부에 등록하는 지번·지목·면적·경계 또는 좌표는 토지의 이동이 있을 때 토지소유자의 신청을 받아 지적소관청이 결정한다.

③ 토지의 이동이 있을 때 토지소유자의 신청이 없으면 지적소관청이 직권으로 조사·측량하여 결정할 수 있다.

④ 지적소관청이 직권으로 조사·측량하여 토지의 지번·지목·면적·경계 또는 좌표를 결정하고자 하는 때에는 토지이동현황조사계획을 수립하여야 한다.

⑤ 지적소관청은 토지이동현황조사계획을 읍·면·동별로 수립하되, 부득이한 사유가 있는 때에는 시·군·구별로 수립할 수 있다.

해설

지적소관청은 토지이동현황조사계획을 <u>시·군·구별</u>로 수립하되, 부득이한 사유가 있는 때에는 <u>읍·면·동별</u>로 수립할 수 있다.

정답 ⑤

필살키 pp.29~30   합격서 pp.12~16

필살키 052   지번(1)

공간정보의 구축 및 관리 등에 관한 법령상 지번에 대한 설명으로 <u>틀린</u> 것은?

① 지번은 지적소관청이 지번부여지역별로 북서에서 남동으로 순차적으로 부여한다.

② 지번은 아라비아숫자로 표기하되, 임야대장 및 임야도에 등록하는 토지의 지번은 숫자 앞에 '산'자를 붙인다.

③ 지번은 본번과 부번으로 구성하되, 본번과 부번 사이에 '-' 표시로 연결한다.

④ 지적소관청은 분할 등의 사유로 결번이 생긴 때에는 지체 없이 그 사유를 결번대장에 적어서 영구히 보존하여야 한다.

⑤ 지적소관청은 지적공부에 등록된 지번을 변경할 필요가 있다고 인정하는 때에는 시·도지사나 대도시 시장의 승인을 얻어 지번부여지역 안의 전부 또는 일부에 대하여 지번을 새로이 부여할 수 있다.

해설

분할의 경우는 필지의 개수가 늘기 때문에 <u>결번이 발생하지 않는다.</u>

[참고] 결번발생사유 : 도시개발사업, 지번변경, 축척변경, 행정구역개편, 합병 등

정답 ④

필살키 053 　지번(2)

공간정보의 구축 및 관리 등에 관한 법령상 지번에 대한 설명으로 <u>틀린</u> 것은?

① 신규등록의 경우에는 그 지번부여지역 안에서 인접토지의 본번에 부번을 붙여서 지번을 부여한다.

② 등록전환의 대상토지가 당해 지번부여지역 안의 최종 지번 토지에 인접되어 있는 경우에는 그 지번부여지역의 최종 본번의 다음 순번으로 본번을 부여할 수 있다.

③ 등록전환 대상토지가 여러 필지로 되어 있는 경우 그 지번부여지역의 최종 본번의 다음 순번부터 본번으로 하여 순차적으로 지번을 부여할 수 있다.

④ 분할의 경우에는 분할 후의 필지 중 1필지의 지번은 분할 전의 지번으로 하고, 나머지 필지의 지번은 본번의 최종 부번 다음 순번으로 부번을 부여한다.

⑤ 소유자가 주거·사무실 등의 건축물이 있는 필지에 대하여 분할 전의 지번으로 신청할 때 그 지번을 분할 후 지번으로 부여하여야 한다.

해설

토지를 분할하는 경우 주거·사무실 등의 건축물이 있는 필지에 대하여는 <u>분할 전의 지번을 우선하여</u> 부여하여야 한다.

[추가] 토지소유자가 합병 전의 필지에 주거·사무실 등의 건축물이 있어서 그 건축물이 위치한 지번을 합병 후의 지번으로 신청할 때에는 그 지번을 합병 후의 지번으로 부여하여야 한다.

정답 ⑤

필살키 054 　지번(3)

공간정보의 구축 및 관리 등에 관한 법령상 지번에 대한 설명으로 <u>틀린</u> 것은?

① 합병의 경우에는 합병대상 지번 중 선순위의 지번을 그 지번으로 하되, 본번으로 된 지번이 있는 때에는 본번 중 선순위의 지번을 합병 후의 지번으로 한다.

② 토지소유자가 합병 전의 필지에 주거·사무실 등의 건축물이 있어서 그 건축물이 위치한 지번을 합병 후의 지번으로 신청할 때에는 그 지번을 합병 후 지번으로 부여하여야 한다.

③ 도시개발사업지역에서 새로 지번을 부여하는 경우 부여할 수 있는 종전 지번의 수가 새로 부여할 지번의 수보다 적은 때에는 블록단위로 하나의 본번을 부여한 후 필지별로 부번을 부여할 수 있다.

④ 축척변경 시행지역 안의 필지에 지번을 새로 부여하는 때에는 도시개발사업 등이 완료됨에 따라 지적확정측량을 실시한 지역 안에서의 지번부여방법을 준용한다.

⑤ 도시개발사업 등이 준공되기 전에 사업시행자가 지번부여신청을 하는 때에는 공사가 완료된 현황에 의하여 지번을 부여할 수 있다.

해설

도시개발사업 등이 준공되기 전에 사업시행자가 지번부여신청을 하는 때에는 도시개발사업 등의 신고에 있어서의 <u>사업계획도</u>에 따른다.

[추가] 도시개발사업 등이 완료되어 실시하는 지적확정측량의 경계는 공사가 완료된 현황대로 결정한다.

정답 ⑤

필살카 055　지목[1]

공간정보의 구축 및 관리 등에 관한 법령상 지목에 대한 설명으로 **틀린** 것은?

① 자동차, 선박, 기차 등의 제작 또는 정비공장 안에 설치된 급유·송유시설 등의 부지는 '주유소용지'가 아니다.

② 공장시설물의 토지와 같은 구역 안에 있는 의료시설 등 부속시설물의 부지는 '공장용지'로 한다.

③ 학교용지나 종교용지 등 다른 지목으로 된 토지에 있는 유적·고적·기념물 등을 보호하기 위하여 구획된 토지의 지목은 '사적지'이다.

④ 교통운수를 위하여 일정한 궤도 등의 설비와 형태를 갖추어 이용되는 토지의 지목은 '철도용지'이다.

⑤ 원상회복을 조건으로 돌을 캐내는 곳이나 흙을 파내는 곳으로 허가된 토지의 지목은 '잡종지'로 하지 않는다.

해설

학교용지나 종교용지 등 다른 지목으로 된 토지에 있는 유적·고적·기념물 등을 보호하기 위하여 구획된 토지의 지목은 '사적지'로 하지 않는다.

정답 ③

필살카 056　지목[2]

공간정보의 구축 및 관리 등에 관한 법령상 지목에 대한 설명으로 **틀린** 것은?

① 물을 정수하여 공급하기 위한 취수·정수·송수 및 배수시설의 부지는 '수도용지'로 한다.

② 온수·약수 등을 일정한 장소로 운송하는 송수관부지의 지목은 '수도용지'가 아니다.

③ 물이 고이거나 상시적으로 물을 저장하고 있는 댐·저수지·호수·연못 등의 토지와 연·왕골 등이 자생하는 배수가 잘 되지 아니하는 토지는 '유지'로 한다.

④ 용수 또는 배수를 위하여 일정한 형태를 갖춘 인공적인 수로·둑 및 그 부속시설물의 부지의 지목은 '구거'이다.

⑤ 자연의 유수(流水)가 있거나 있을 것으로 예상되는 토지 및 자연의 유수가 있거나 있을 것으로 예상되는 소규모 수로부지는 '하천'으로 한다.

해설

자연의 유수(流水)가 있거나 있을 것으로 예상되는 토지의 지목은 '하천'이다. 반면, 자연의 유수가 있거나 있을 것으로 예상되는 소규모 수로부지의 지목은 '구거'로 한다.

정답 ⑤

필살카 057 지목(3)

공간정보의 구축 및 관리 등에 관한 법령상 지목에 대한 설명으로 옳은 것은?

① 「장사 등에 관한 법률」 제2조 제9호에 따른 봉안시설과 이에 접속된 묘지의 관리를 위한 건축물의 부지의 지목은 '묘지'이다.

② 과수류를 집단적으로 재배하는 토지와 이에 접속된 주거용 건축물의 부지는 '과수원'이다.

③ 가축을 사육하는 축사 등의 부지와 이에 접속된 주거용 건축물의 부지는 '목장용지'이다.

④ 「국토의 계획 및 이용에 관한 법률」 등 관계 법령에 의한 택지조성공사가 준공된 토지의 지목은 '대'이다.

⑤ 영구적 건축물 중 주거·사무실·점포의 부지의 지목은 '대'이지만, 박물관·미술관 등 문화시설의 부지의 지목은 '사적지'이다.

해설

① 「장사 등에 관한 법률」 제2조 제9호에 따른 봉안시설 부지의 지목은 '묘지'이지만, 이에 접속된 묘지의 관리를 위한 건축물의 부지의 지목은 '대'이다.

② 과수류를 집단적으로 재배하는 토지의 지목은 '과수원'이지만, 이에 접속된 주거용 건축물의 부지는 '대'이다.

③ 가축을 사육하는 축사 부지의 지목은 '목장용지'이지만, 이에 접속된 주거용 건축물의 부지는 '대'이다.

⑤ 영구적 건축물 중 주거·사무실·점포의 부지뿐만 아니라 박물관·미술관 등 문화시설의 부지의 지목은 '대'이다.

정답 ④

필살카 058 지목(4)

공간정보의 구축 및 관리 등에 관한 법령상 지목이 '잡종지'인 것은 모두 몇 개인가?

> ㉠ 실외에 물건을 쌓아놓은 곳
> ㉡ 돌을 캐내는 곳 및 흙을 파내는 곳
> ㉢ 공항시설 및 항만시설 부지
> ㉣ 갈대밭
> ㉤ 원야를 이루는 자갈땅이나 모래땅, 황무지
> ㉥ 여객자동차터미널, 자동차운전학원 및 폐차장 등 자동차와 관련된 독립적인 시설물을 갖춘 부지
> ㉦ 자동차 등의 주차에 필요한 독립적인 시설을 갖춘 부지와 주차전용 건축물의 부지

① 3개　　② 4개
③ 5개　　④ 6개
⑤ 7개

해설

㉠㉡㉢㉣㉥의 지목은 '잡종지'이다.

㉤ 원야를 이루는 암석지, 자갈땅, 모래땅, 습지, 황무지의 지목은 '임야'이다.

㉦ 자동차 등의 주차에 필요한 독립적인 시설을 갖춘 부지와 주차전용 건축물의 부지의 지목은 '주차장'이다.

정답 ③

필살키 059 지목(5)

공간정보의 구축 및 관리 등에 관한 법령상 지목에 대한 설명으로 옳은 것은?

① 일반공중의 교통운수를 위하여 보행에 필요한 일정한 설비 또는 형태를 갖추어 이용되는 토지의 지목은 '도로'이다.

② 일반공중의 위락·휴양 등에 적합한 시설물을 종합적으로 갖춘 수영장부지의 지목은 '체육용지'이다.

③ 일반공중의 보건·휴양 및 정서생활에 이용하기 위한 시설을 갖춘 토지로서 「국토의 계획 및 이용에 관한 법률」에 따라 공원 또는 녹지로 결정·고시된 토지는 '유원지'로 한다.

④ 물을 상시적으로 이용하지 아니하고 곡물 등의 식물(과수류 포함)을 주로 재배하는 토지의 지목은 '전'이다.

⑤ 자동차의 판매 목적으로 설치된 물류장 및 야외전시장 및 「주차장법」 제2조에 따른 노상주차장 및 부설주차장의 지목은 '주차장'이다.

해설

② 체육용지 → 유원지
③ 유원지 → 공원
④ 과수류 포함 → 과수류 제외
⑤ 자동차의 판매 목적으로 설치된 물류장 및 야외전시장 및 「주차장법」 제2조에 따른 노상주차장 및 부설주차장의 지목은 '주차장'으로 하지 않는다.

정답 ①

필살키 060 경계(1)

공간정보의 구축 및 관리 등에 관한 법령상 경계의 결정기준에 대한 설명으로 **틀린** 것은?

① 지적소관청은 토지의 이동에 따라 지상경계를 새로 정한 경우에는 지상경계점등록부를 작성·관리하여야 한다.

② 분할에 따른 지상경계는 지상건축물을 걸리게 결정하여서는 아니 된다.

③ 공공사업으로 지목이 '도로'로 되는 토지를 분할하는 경우는 지상건축물을 걸리게 지상경계를 정할 수 있다.

④ 불합리한 지상경계를 시정하기 위하여 토지를 분할하는 경우에 지상건축물을 걸리게 지상경계를 정할 수 있다.

⑤ 도시개발사업 등이 완료되어 실시하는 지적확정측량의 경계는 공사가 완료된 현황에 따라 결정한다.

해설

분할에 따른 지상경계는 지상건축물을 걸리게 결정해서는 아니 된다. 다만, 다음의 어느 하나에 해당하는 경우에는 그러하지 아니하다. 〈암기〉 도도공판

1. 「국토의 계획 및 이용에 관한 법률」의 규정에 따른 도시·군관리계획 결정고시와 지형도면 고시가 된 지역의 도시·군관리계획선에 따라 토지를 분할하는 경우
2. 도시개발사업 등의 사업시행자가 사업지구의 경계를 결정하기 위하여 토지를 분할하는 경우
3. 공공사업 등에 따라 학교용지·도로·철도용지·제방·하천·구거·유지·수도용지 등의 지목으로 되는 토지를 분할하는 경우
4. 법원의 확정판결이 있는 경우

정답 ④

필살키 061　경계(2)

공간정보의 구축 및 관리 등에 관한 법령상 지상경계점등록부의 등록사항으로만 나열한 것은?

① 경계점의 사진파일, 소유자
② 일람도, 경계점위치 및 경계점표지의 종류
③ 색인도, 경계점위치 설명도
④ 경계점위치 설명도, 공부상 지목과 실제 토지의 이용 지목
⑤ 건축물 및 구조물의 위치, 경계점좌표

필살키 062　경계(3)

공간정보의 구축 및 관리 등에 관한 법령상 경계의 결정기준에 대한 설명으로 틀린 것은?

① 토지의 지상경계는 둑·담장이나 그 밖에 구획의 목표가 될 만한 구조물 및 경계점표지 등으로 구분한다.
② 도시개발사업 등이 완료되어 실시하는 지적확정측량의 경계는 공사가 완료된 현황대로 결정하되, 공사가 완료된 현황이 사업계획도와 다를 때에는 미리 사업시행자에게 그 사실을 통지하여야 한다.
③ 토지이용상 불합리한 지상경계를 시정하기 위하여 토지를 분할하는 경우에는 지적측량을 실시한 후 지상경계점에 경계점표지를 설치한다.
④ 소유권이전, 매매 등을 위하여 필요한 경우 지상경계점에 경계점표지를 설치하여 분할측량을 할 수 있다.
⑤ 지상경계의 구획을 형성하는 구조물 등의 소유자가 다른 경우에는 그 소유권에 따라 지상경계를 결정한다.

해설

지상경계점등록부의 등록사항은 다음과 같다.

> 1. 경계점위치 및 경계점표지의 종류
> 2. 경계점위치 설명도
> 3. 경계점좌표
> 4. 경계점의 사진파일
> 5. 공부상 지목과 실제 토지의 이용 지목
> 6. 토지의 소재 및 지번

해설

토지이용상 불합리한 지상경계를 시정하기 위하여 토지를 분할하는 경우 지상경계점에 경계점표지를 설치하여 분할측량을 할 수 있다.

정답 ④

정답 ③

필살키 063　경계(4)

공간정보의 구축 및 관리 등에 관한 법령상 지상경계의 구획을 형성하는 구조물 등의 소유자가 다른 경우에는 그 소유권에 의하여 지상경계를 정하는데, 이에 해당하는 것을 모두 고른 것은?

┌─────────────────────────────────┐
│ ㉠ 공유수면매립지의 토지 중 제방 등을 토지 │
│ 　에 편입하여 등록하는 경우 │
│ ㉡ 연접되는 토지 사이에 높낮이 차이가 있는 │
│ 　경우 │
│ ㉢ 연접되는 토지 사이에 높낮이 차이가 없는 │
│ 　경우 │
│ ㉣ 토지가 해면 또는 수면에 접하는 경우 │
│ ㉤ 도로·구거 등의 토지에 절토(땅깎기)된 부 │
│ 　분이 있는 경우 │
└─────────────────────────────────┘

① ㉠, ㉡, ㉣　　　　② ㉠, ㉡, ㉤
③ ㉡, ㉢, ㉣　　　　④ ㉡, ㉢, ㉤
⑤ ㉢, ㉣, ㉤

필살키 064　면적(1)

공간정보의 구축 및 관리 등에 관한 법령상 세부측량을 하는 때에 필지마다 면적을 측정하여야 하는 경우가 <u>아닌</u> 것은?

① 지목변경을 하는 경우
② 축척변경을 하는 경우
③ 등록사항의 정정을 위하여 면적을 정하는 경우
④ 등록전환 및 지적공부를 복구하는 경우
⑤ 도시개발사업 등으로 인한 토지의 이동에 의하여 토지의 표시를 새로이 결정하는 경우

해설

지상경계의 구획을 형성하는 구조물 등의 소유자가 다른 경우에는 그 소유권에 따라 지상경계를 결정한다. ㉡㉢㉤이 이에 해당한다.

정답 ④

해설

지번변경, 지목변경, 합병, 면적환산 등의 경우는 <u>면적측정을 하지 않는다.</u>

정답 ①

필살키 065　면적(2)

공간정보의 구축 및 관리 등에 관한 법령상 지적공부에 등록하는 1필지의 면적에 관한 설명으로 **틀린** 것은?

① 경위의측량방법으로 세부측량을 한 지역의 필지별 면적측정은 전자면적측정기에 의한다.
② 경계점좌표등록부에 등록하는 지역의 토지면적은 제곱미터 이하 한 자리 단위까지 등록한다.
③ 축척이 1/600인 지적도 시행지역에서는 1필지의 면적이 0.1m² 미만인 경우 0.1m²로 토지대장에 등록한다.
④ 축척이 1/1,200인 지적도에 등록된 2필지의 면적이 각각 423.5m²와 424.5m²로 산출된 경우 대장에는 동일하게 424m²로 등록한다.
⑤ 축척이 1/1,200인 지적도 시행지역에서는 1필지의 면적이 1m² 미만인 경우 1m²로 토지대장에 등록한다.

해설

경위의측량방법으로 세부측량을 한 지역의 필지별 면적측정은 <u>좌표면적계산법</u>에 의한다.

[참고] 좌표면적계산법·전자면적측정기

1. 좌표면적계산법 : 경위의측량방법으로 지적측량을 실시한 지역에서 면적을 측정하는 방법이다. 경계점좌표등록부의 좌표에서 계산한다.
2. 전자면적측정기 : 지적도나 임야도의 경계에서 측정하는 방식이다.

정답 ①

필살키 066　면적(3)

공간정보의 구축 및 관리 등에 관한 법령상 경위의측량방법에 의하여 지적확정측량을 시행하는 지역에서 1필지의 면적을 산출한 결과 540.65m²인 경우 지적공부에 등록할 면적으로 옳은 것은?

① 540m²
② 541m²
③ 540.6m²
④ 540.7m²
⑤ 540.65m²

해설

경위의측량방법에 의하여 지적확정측량을 실시하는 지역은 제곱미터 이하 한 자리 단위로 등록하므로 540.65m²의 끝수는 0.05이다. 등록자릿수가 짝수(6)인 경우 끝수 0.05는 버리므로 540.6m²로 등록한다.

정답 ③

필살키 067 면적(4)

공간정보의 구축 및 관리 등에 관한 법령상 지적도의 축척이 1/1,200인 지역에서 신규등록할 1필지의 면적을 계산한 값이 0.050m²이었다. 토지대장에 등록할 면적의 결정으로 옳은 것은?

① 0.01m²   ② 0.05m²
③ 1m²   ④ 0.5m²
⑤ 0.1m²

해설

지적도의 축척이 1/1,200인 지역은 제곱미터 단위로 등록한다. 따라서 이 지역에서는 측정면적이 1m² 미만인 경우 1m²로 등록한다.

[추가] 지적도의 축척이 1/600인 지역에서 신규등록할 1필지의 면적을 계산한 값이 0.050m²인 경우, 토지대장에 등록할 면적은 0.1m²이다.

정답 ③

필살키 068 지적공부의 등록사항(1)

공간정보의 구축 및 관리 등에 관한 법령상 토지대장과 임야대장의 등록사항에 관한 설명으로 옳은 것은?

① 부동산등기부에 등기된 토지의 표시는 토지(임야)대장의 소재·지번·지목·면적을 등록하는 기준이 된다.
② 부동산등기부에 등기된 소유자가 변경된 날은 토지(임야)대장의 소유권변경일자를 정리하는 기준이 된다.
③ 토지(임야)대장 및 경계점좌표등록부에 등록된 개별공시지가는 토지에 대한 과세의 기준이 된다.
④ 토지대장과 임야대장에 등록된 경계를 기준으로 지적측량을 실시한다.
⑤ 토지대장과 임야대장에 등록된 소유권과 저당권·전세권을 통하여 권리관계를 파악할 수 있다.

해설

① 토지(임야)대장에 등록된 토지의 표시는 부동산등기부의 소재·지번·지목·면적을 등기하는 기준이 된다.
③ 토지(임야)대장에는 개별공시지가를 등록하지만, 경계점좌표등록부에는 개별공시지가를 등록하지 않는다.
④ 지적도 및 임야도에는 경계를 등록하지만, 토지대장 및 임야대장에는 경계를 등록하지 않는다.
⑤ 토지(임야)대장에는 소유자를 등록하지만, 저당권이나 전세권을 등록하지 않는다.

정답 ②

필살키 069   지적공부의 등록사항(2)

공간정보의 구축 및 관리 등에 관한 법령상 공유지연명부와 대지권등록부에 공통으로 등록하는 사항을 모두 고른 것은?

> ㉠ 소재, 지번
> ㉡ 소유자의 변동연월일과 그 원인
> ㉢ 건물명칭
> ㉣ 토지의 고유번호
> ㉤ 대지권비율
> ㉥ 소유권지분
> ㉦ 전유부분 건물표시

① ㉠, ㉣, ㉥, ㉦
② ㉠, ㉡, ㉥, ㉦
③ ㉠, ㉡, ㉣, ㉥
④ ㉡, ㉢, ㉣, ㉥
⑤ ㉣, ㉤, ㉥, ㉦

해설

건물명칭, 대지권비율, 전유부분 건물의 표시는 대지권등록부에만 등록하는 사항이다.

정답 ③

필살키 070   지적도면 [지적도 및 임야도] (1)

공간정보의 구축 및 관리 등에 관한 법령상 지적도면의 등록사항과 관련된 설명으로 틀린 것은?

① 지적도의 법정축척은 1/500, 1/600, 1/1,000, 1/1,200, 1/2,400, 1/3,000, 1/6,000이고 임야도의 법정축척은 1/3,000, 1/6,000이다.
② 지적도 및 임야도에는 건축물 및 구조물 등의 위치를 등록한다.
③ 색인도 및 지번색인표는 지적도면의 등록사항이다.
④ 임야도에는 삼각점 및 지적기준점의 위치를 등록한다.
⑤ 경계점좌표등록부를 갖춰 두는 지역의 지적도에는 제명 끝에 '(좌표)'라고 표시한다.

해설

색인도는 지적도면의 등록사항이지만, 지번색인표는 지적도면의 등록사항이 아니다.

정답 ③

필살키 071 지적도면
(지적도 및 임야도)(2)

공간정보의 구축 및 관리 등에 관한 법령상 연속지적도의 관리 등에 관한 설명으로 **틀린** 것은?

① 국토교통부장관은 연속지적도의 관리 및 정비에 관한 정책을 수립·시행하여야 한다.

② 국토교통부장관은 지적도·임야도에 등록된 사항에 대하여 토지의 이동 또는 오류사항을 정비한 때에는 이를 연속지적도에 반영하여야 한다.

③ 국토교통부장관은 연속지적도 정비에 필요한 경비의 전부 또는 일부를 지원할 수 있다.

④ 국토교통부장관은 연속지적도를 체계적으로 관리하기 위하여 연속지적도 정보관리체계를 구축·운영할 수 있다.

⑤ 국토교통부장관은 연속지적도 정보관리체계의 구축·운영에 관한 업무를 대통령령으로 정하는 법인, 단체 또는 기관에 위탁할 수 있다.

해설

지적소관청은 지적도·임야도에 등록된 사항에 대하여 토지의 이동 또는 오류사항을 정비한 때에는 이를 연속지적도에 반영하여야 한다.

[추가1] '연속지적도'란 지적측량을 하지 아니하고 전산화된 지적도 및 임야도 파일을 이용하여, 도면상 경계점들을 연결하여 작성한 도면으로서 측량에 활용할 수 없는 도면을 말한다.

[추가2] 지적공부에 관한 전산자료(연속지적도를 포함한다)를 이용하거나 활용하려는 자는 국토교통부장관, 시·도지사 또는 지적소관청에 지적전산자료를 신청하여야 한다.

정답 ②

필살키 072 경계점좌표등록부

공간정보의 구축 및 관리 등에 관한 법령상 일부가 생략된 경계점좌표등록부에 대한 설명으로 **틀린** 것은?

고유 번호	1310060144-30425-0009			
토지 소재	서울특별시 강남구 역삼동	지 번		
* * *		부 호	좌표	
			X	Y
		1	444050.15	202093.98
		2	444061.54	202123.88
		3	444019.30	202139.97
		4	444006.65	202106.76
		5	444045.58	202091.93

① 경계점좌표등록부를 갖춰 두는 토지는 지적확정측량 또는 축척변경을 위한 측량을 실시하여 경계점을 좌표로 등록한 지역의 토지로 한다.

② 이 토지는 경계점좌표등록부와는 별도로 반드시 토지대장과 지적도를 함께 갖춰 둔다.

③ 경계점좌표등록부를 갖춰 두는 지역의 면적측정은 좌표면적계산법에 따른다.

④ 경계점좌표등록부에는 부호 및 부호도를 등록하지만, 경계 및 면적은 등록사항이 아니다.

⑤ 경계점좌표등록부가 작성된 지역의 토지의 경계결정과 지표상의 복원은 '좌표' 및 '지적도'에 의하여 결정한다.

해설

경계점좌표등록부가 작성된 지역의 토지의 경계결정과 지표상의 복원은 '좌표'에 의하여 결정하여야 한다. 지적도에 따라 결정할 수 없음을 주의하여야 한다.

[추가] 경계점좌표등록부를 갖춰 두는 지역의 토지 면적은 제곱미터 이하 한자리 단위로 등록한다.

정답 ⑤

필살키 073 지적공부의 보존 및 공개

공간정보의 구축 및 관리 등에 관한 법령상 지적공부의 보존 및 공개에 대한 설명으로 틀린 것은?

① 지적소관청은 해당 청사에 지적서고를 설치하고 그곳에 지적공부(정보처리시스템을 통하여 기록·저장한 경우는 제외한다)를 영구히 보존하여야 한다.

② 지적공부를 정보처리시스템을 통하여 기록·저장한 경우 관할 시·도지사, 시장·군수 또는 구청장은 그 지적공부를 지적정보관리체계에 영구히 보존하여야 한다.

③ 지적공부를 열람하거나 그 등본을 발급받으려는 자는 해당 지적소관청에 이를 신청하여야 한다.

④ 지적공부를 열람하거나 그 등본을 발급받으려는 자는 지적공부·부동산종합공부 열람·발급신청서(전자문서로 된 신청서를 포함한다)를 지적소관청 또는 읍·면·동장에게 제출하여야 한다.

⑤ 정보처리시스템을 통하여 기록·저장된 지적공부(지적도 및 임야도는 제외한다)를 열람하거나 그 등본을 발급받으려는 경우에는 시·도지사, 시장·군수 또는 구청장이나 읍·면·동의 장에게 신청할 수 있다.

해설

정보처리시스템을 통하여 기록·저장된 지적공부(지적도 및 임야도는 제외한다)를 열람하거나 그 등본을 발급받으려는 경우에는 <u>특별자치시장, 시장·군수 또는 구청장이나 읍·면·동의 장</u>에게 신청할 수 있다.

정답 ⑤

필살키 074 지적공부의 복구

공간정보의 구축 및 관리 등에 관한 법령상 지적공부의 복구에 관한 설명으로 틀린 것은?

① 지적소관청이 지적공부를 복구하려는 경우에는 해당 토지의 소유자에게 지적공부의 복구신청을 하도록 통지하여야 한다.

② 지적소관청(정보처리시스템에 의하여 기록·저장된 지적공부의 경우에는 시·도지사, 시장·군수 또는 구청장)은 지적공부의 전부 또는 일부가 멸실되거나 훼손된 경우에는 지체 없이 이를 복구하여야 한다.

③ 지적공부를 복구할 때에는 멸실·훼손 당시의 지적공부와 가장 부합된다고 인정되는 관계 자료에 따라 토지의 표시에 관한 사항을 복구하여야 한다. 다만, 소유자에 관한 사항은 부동산등기부나 법원의 확정판결에 따라 복구하여야 한다.

④ 지적소관청은 조사된 복구자료 중 토지대장·임야대장 및 공유지연명부의 등록 내용을 증명하는 서류 등에 따라 지적복구자료 조사서를 작성하고, 지적도면의 등록 내용을 증명하는 서류 등에 따라 복구자료도를 작성하여야 한다.

⑤ 복구자료도에 따라 측정한 면적과 지적복구자료 조사서의 조사된 면적의 증감이 허용범위를 초과하는 경우에는 복구측량을 하여야 한다.

해설

지적공부의 복구는 토지소유자의 신청으로 하는 것이 아니라 <u>지적소관청이 직권</u>으로 한다.

정답 ①

필살키 075 부동산종합공부(1)

공간정보의 구축 및 관리 등에 관한 법령상 부동산종합공부의 관리 및 운영에 대한 설명으로 **틀린** 것은?

① 지적소관청은 부동산의 효율적 이용과 부동산과 관련된 정보의 종합적 관리·운영을 위하여 부동산종합공부를 관리·운영한다.

② 지적소관청은 부동산종합공부의 멸실 또는 훼손에 대비하여 이를 별도로 복제하여 관리하는 정보관리체계를 구축하여야 한다.

③ 지적소관청은 부동산종합공부의 불일치 등록사항에 대하여는 등록사항을 정정하고, 등록사항을 관리하는 기관의 장에게 그 내용을 통지하여야 한다.

④ 토지소유자는 부동산종합공부의 토지의 표시에 관한 사항에 잘못이 있음을 발견하면 지적소관청에 그 정정을 신청할 수 있다.

⑤ 부동산종합공부를 열람하거나 부동산종합공부 기록사항의 전부 또는 일부에 관한 증명서를 발급받으려는 자는 지적소관청이나 읍·면·동의 장에게 신청할 수 있다.

해설
지적소관청은 부동산종합공부의 불일치 등록사항에 대하여는 등록사항을 관리하는 기관의 장에게 그 내용을 통지하여 등록사항 정정을 요청할 수 있다.

정답 ③

필살키 076 부동산종합공부(2)

부동산종합공부의 등록사항에 관한 설명으로 **틀린** 것은?

① 토지의 이용 및 규제에 관한 사항은 「토지이용규제 기본법」에 따른 토지이용계획확인서의 내용을 등록한다.

② 토지의 표시와 소유자에 관한 사항은 「부동산등기법」에 따른 부동산등기부의 내용을 등록한다.

③ 부동산의 권리에 관한 사항은 「부동산등기법」 제48조에 따른 부동산의 권리에 관한 사항을 등록한다.

④ 부동산의 가격에 관한 사항은 「부동산 가격공시에 관한 법률」에 따른 개별공시지가, 개별주택가격 등을 등록한다.

⑤ 건축물의 표시와 소유자에 관한 사항은 「건축법」에 따른 건축물대장의 내용을 등록한다.

해설
토지의 표시와 소유자에 관한 사항은 「공간정보의 구축 및 관리 등에 관한 법률」에 따른 지적공부의 내용을 등록한다.

정답 ②

필살키 077　토지의 이동

공간정보의 구축 및 관리 등에 관한 법령상 토지이동에 해당하지 <u>않는</u> 것은 모두 몇 개인가?

㉠ 토지소유자의 주소변경
㉡ 도시개발사업
㉢ 지번변경
㉣ 개별공시지가변경
㉤ 등록전환
㉥ 행정구역 명칭변경
㉦ 행정구역변경
㉧ 축척변경
㉨ 바다로 된 토지의 등록말소

---

① 2개
② 3개
③ 4개
④ 5개
⑤ 6개

해설
토지이동에 해당하지 않는 것 : 소유자변경, 토지소유자의 주소변경(㉠), 개별공시지가변경(㉣)
[참고] 토지이동에 해당하는 것 : ㉡㉢㉤㉥㉦㉧㉨

정답 ①

필살키 078　등록전환

공간정보의 구축 및 관리 등에 관한 법령상 등록전환에 대한 설명으로 <u>틀린</u> 것은?

① 「산지관리법」에 따른 산지전용허가·신고, 산지일시사용허가·신고, 「건축법」에 따른 건축허가·신고 또는 그 밖의 관계 법령에 따른 개발행위허가 등을 받은 경우, 등록전환을 신청할 수 있다.
② 관계 법령에 따라 건축허가 등 개발행위 관련 허가를 받은 경우에는 지목변경과 관계없이 등록전환을 신청할 수 있다.
③ 대부분의 토지가 등록전환되어 나머지 토지를 임야도에 계속 존치하는 것이 불합리한 경우로 등록전환을 하기 위해서는 지적측량을 실시하여야 한다.
④ 토지소유자는 등록전환할 토지가 있으면 그 사유가 발생한 날부터 60일 이내에 지적소관청에 등록전환을 신청하여야 한다.
⑤ 등록전환 전과 후의 면적의 오차가 허용범위를 초과하는 경우 임야대장의 면적 및 임야도의 경계를 토지소유자의 신청으로 정정한다.

해설
등록전환 전과 후의 면적의 오차가 허용범위를 초과하는 경우 임야대장의 면적 및 임야도의 경계를 <u>지적소관청이 직권으로 정정</u>한다.
[추가] 등록전환 대상토지는 보기 ①, ③ 외에 '임야도에 등록된 토지가 사실상 형질변경되었으나 지목변경을 할 수 없는 경우'와 '도시·군관리계획선에 따라 토지를 분할하는 경우'가 있다.

정답 ⑤

필살키 079 분할

공간정보의 구축 및 관리 등에 관한 법령상 분할에 대한 설명으로 <u>틀린</u> 것은?

① 1필지의 일부가 형질변경 등으로 용도가 변경되어 분할을 신청하는 때에는 지목변경신청서를 함께 제출하여야 한다.

② 소유권이전, 매매 등을 위하여 필요한 경우, 토지소유자는 60일 이내에 분할을 신청하여야 한다.

③ 토지소유자는 분할대상 토지가 분할허가 대상인 경우 그 허가서 사본을 분할신청서에 첨부하여 지적소관청에 제출하여야 한다.

④ 토지의 분할신청을 하려는 소유자는 관계 법령에서 해당 분할을 개발행위허가 등의 대상으로 하고 있는 경우에는, 개발행위허가 등을 받은 이후에 분할을 신청할 수 있다.

⑤ 분할을 위하여 면적을 정함에 있어 오차가 발생하는 경우 그 오차가 허용범위를 초과하는 때에는 지적공부상의 면적 또는 경계를 정정하여야 한다.

해설

소유권이전, 매매 등을 위하여 분할을 신청하는 경우 신청의 <u>무는 없다.</u>

[추가] 분할대상 토지

1. 지적공부에 등록된 1필지의 일부가 형질변경 등으로 용도가 변경된 경우
2. 소유권이전, 매매 등을 위하여 필요한 경우
3. 토지이용상 불합리한 지상경계를 시정하기 위한 경우

정답 ②

필살키 080 합병(1)

공간정보의 구축 및 관리 등에 관한 법령상 토지의 합병에 대한 설명으로 <u>틀린</u> 것은?

① '합병'이란 지적공부에 등록된 2필지 이상을 지적측량을 시행하여 1필지로 합하여 등록하는 것을 말한다.

② 합병 후의 면적은 합병 전의 각 필지 면적을 합산하여 정하므로 면적측정을 하지 않는다.

③ 2필지 이상의 토지가 합병요건을 갖추고 있는 경우라도 토지소유자는 합병을 신청하지 않을 수 있다.

④ 「주택법」에 따른 공동주택의 부지인 경우 토지소유자는 사유가 발생한 날로부터 60일 이내에 지적소관청에 합병신청을 하여야 한다.

⑤ 제방, 수도용지, 하천, 학교용지 등의 지목으로 되는 토지는 60일 이내에 지적소관청에 합병신청을 하여야 한다.

해설

합병의 경우, 합병 전 각 필지의 경계 또는 좌표 중 합병으로 필요 없게 된 부분을 말소하여 결정하므로 <u>지적측량을 실시하지 않는다.</u>

정답 ①

필살키 081 합병(2)

공간정보의 구축 및 관리 등에 관한 법령상 합병제한 사유가 <u>아닌</u> 것은?

① 합병대상 토지의 소유자의 주소가 다른 경우
② 합병대상 토지가 등기된 토지와 등기되지 아니한 토지인 경우
③ 합병하려는 토지 전부에 대한 등기원인 및 그 연월일과 접수번호가 다른 지상권의 등기가 있는 경우
④ 합병하려는 토지 전부에 등기원인 및 그 연월일과 접수번호가 다른 저당권등기가 있는 경우
⑤ 합병하려는 토지의 지적도 및 임야도의 축척이 서로 다른 경우

해설

합병하려는 토지에 용익권(지상권, 전세권, 승역지지역권, 임차권)이 있는 경우는 합병할 수 있다. 다만, 용익권 외의 권리에 관한 등기(저당권, 가압류등기 등)가 있는 경우에는 합병을 할 수 없다.

[추가] 합병하려는 토지소유자의 주소가 서로 다른 경우는 합병할 수 없다. 다만, 신청을 접수받은 지적소관청이 「전자정부법」에 따른 행정정보의 공동이용을 통하여 토지등기사항증명서 등을 확인한 결과 토지소유자가 동일인임을 확인할 수 있는 경우는 제외한다.

정답 ③

필살키 082 바다로 된 토지의 등록말소

공간정보의 구축 및 관리 등에 관한 법령상 바다로 된 토지의 등록말소와 관련된 설명으로 <u>틀린</u> 것은?

① 지적소관청은 지적공부에 등록된 토지가 지형의 변화 등으로 바다로 된 경우로서 원상으로 회복할 수 없는 때에는 지적공부에 등록된 토지소유자에게 지적공부의 등록말소 신청을 하도록 통지하여야 한다.
② 토지소유자가 말소통지를 받은 날로부터 90일 내에 등록말소 신청을 하지 않을 때에는 지적소관청이 직권으로 지적도상 경계를 말소하여야 한다.
③ 지적소관청이 지적공부의 등록사항을 직권으로 말소하거나 회복등록하였을 때에는 그 정리 결과를 토지소유자 및 공유수면 관리청에 통지하여야 한다.
④ 지적소관청은 말소된 토지가 지형의 변화 등으로 다시 토지로 된 경우에는 90일 내로 회복등록을 신청하여야 한다.
⑤ 회복등록을 하려는 때에는 그 지적측량성과 및 등록말소 당시의 지적공부 등 관계 자료에 따라야 한다.

해설

지적소관청은 말소된 토지가 지형의 변화 등으로 다시 토지로 된 경우에는 회복등록을 할 수 있는데, 이 경우 <u>신청의무는 없다.</u>

정답 ④

필살키 083   축척변경(1)

공간정보의 구축 및 관리 등에 관한 법령상 축척변경의 절차에 관한 설명으로 틀린 것은?

① 지적소관청은 잦은 토지의 이동으로 1필지의 규모가 작아서 소축척으로는 지적측량성과의 결정이나 토지의 이동에 따른 정리가 곤란한 경우에 일정한 지역을 정하여 그 지역의 축척을 변경할 수 있다.

② 축척변경을 신청하는 토지소유자는 축척변경 사유를 적은 신청서에 토지소유자 3분의 2 이상의 동의서를 첨부하여 지적소관청에 제출하여야 한다.

③ 지적소관청은 축척변경위원회의 의결을 거친 후 시·도지사 또는 대도시 시장의 승인을 받아야 한다.

④ 축척변경 시행지역의 사업시행자는 시행공고가 된 날부터 30일 이내에 시행공고일 현재 점유하고 있는 경계에 경계점표지를 설치하여야 한다.

⑤ 지적소관청은 축척변경 시행지역 안의 각 필지별 지번, 지목, 면적, 경계 또는 좌표를 새로이 정하여야 한다.

해설

축척변경 시행지역의 '토지소유자 또는 점유자'는 시행공고가 된 날부터 30일 이내에 시행공고일 현재 점유하고 있는 경계에 경계점표지를 설치하여야 한다.

[참고] '합병하려는 토지가 축척이 다른 지적도에 각각 등록되어 있어 축척변경을 하는 경우'는 축척변경위원회의 의결 및 시·도지사나 대도시 시장의 승인을 요하지 않는다.

정답 ④

필살키 084   축척변경(2)

공간정보의 구축 및 관리 등에 관한 법령상 축척변경의 청산절차 및 지적정리에 관한 설명으로 틀린 것은?

① 지적소관청은 청산금의 결정을 공고한 날부터 15일 이내에 토지소유자에게 청산금의 납부고지 또는 수령통지를 하여야 한다.

② 축척변경에 따른 청산금의 납부고지를 받은 자는 그 고지를 받은 날부터 6개월 이내에 청산금을 지적소관청에 내야 한다.

③ 청산금의 납부고지 또는 수령통지된 청산금에 관하여 이의가 있는 자는 납부고지 또는 수령통지를 받은 날부터 1개월 이내에 지적소관청에 이의신청을 할 수 있다.

④ 축척변경에 따른 청산금의 납부 및 지급이 완료되었을 때에는 지적소관청은 지체 없이 축척변경의 확정공고를 하고 확정된 사항을 지적공부에 등록하여야 한다.

⑤ 지적소관청은 축척변경에 따라 확정된 사항을 지적공부에 등록하는 경우, 토지대장은 확정공고된 축척변경 지번별 조서에 따르고, 지적도는 축척변경 확정측량결과도 또는 경계점좌표에 따라 등록하여야 한다.

해설

지적소관청은 청산금의 결정을 공고한 날부터 20일 이내에 토지소유자에게 청산금의 납부고지 또는 수령통지를 하여야 한다. 〈암기〉 공통1520

[추가] 지적소관청은 청산금을 산정하였을 때에는 청산금 조서를 작성하고, 청산금이 결정되었다는 뜻을 15일 이상 공고하여 일반인이 열람할 수 있게 하여야 한다. 〈암기〉 공통1520

정답 ①

필살키 085 축척변경[3]

공간정보의 구축 및 관리 등에 관한 법령상 축척변경위원회에 관한 설명으로 옳은 것은?

① 축척변경에 관한 사항을 심의·의결하기 위하여 국토교통부에 축척변경위원회를 둔다.
② 축척변경위원회는 5명 이상 10명 이하의 위원으로 구성하되, 위원의 3분의 2 이상을 토지소유자로 하여야 한다.
③ 축척변경 시행지역의 토지소유자가 5명 이하일 때에는 토지소유자 전원을 위원으로 위촉하여야 한다.
④ 축척변경위원회의 위원장은 위원 중에서 국토교통부장관이 지명한다.
⑤ 축척변경위원회의 위원은 해당 축척변경 시행지역의 토지소유자로서 지역 사정에 정통하거나 지적에 관하여 전문지식을 가진 사람 중에서 국토교통부장관이 위촉한다.

해설

① 축척변경에 관한 사항을 심의·의결하기 위하여 <u>지적소관청</u>에 축척변경위원회를 둔다.
② 축척변경위원회는 5명 이상 10명 이하의 위원으로 구성하되, 위원의 <u>2분의 1 이상</u>을 토지소유자로 하여야 한다.
④ 축척변경위원회의 위원장은 위원 중에서 <u>지적소관청</u>이 지명한다.
⑤ 축척변경위원회의 위원은 해당 축척변경 시행지역의 토지소유자로서 지역 사정에 정통하거나 지적에 관하여 전문지식을 가진 사람 중에서 <u>지적소관청</u>이 위촉한다.

정답 ③

필살키 086 등록사항정정[1]

공간정보의 구축 및 관리 등에 관한 법령상 토지의 표시사항의 정정에 대한 설명으로 **틀린** 것은?

① 지적도 및 임야도에 등록된 필지가 면적의 증감 없이 경계의 위치만 잘못 등록된 경우는 직권정정 사유가 된다.
② 토지이동정리결의서의 내용과 다르게 토지의 표시가 정리된 경우 지적소관청은 직권으로 이를 정정할 수 있다.
③ 지적측량수행계획서와 다르게 토지의 표시가 정리된 경우, 지적소관청이 직권으로 이를 정정할 수 있다.
④ 토지의 소유자가 지적공부의 경계 또는 면적의 변경을 가져오는 등록사항의 정정을 신청할 때에는 등록사항정정측량성과도를 첨부하여야 한다.
⑤ 정정으로 인하여 인접 토지의 경계가 변경되는 경우에는 인접 토지소유자의 승낙서나 이에 대항할 수 있는 확정판결서 정본을 지적소관청에 제출하여야 한다.

해설

'<u>지적측량성과</u>'와 다르게 토지의 표시가 정리된 경우, 지적소관청이 직권으로 이를 정정할 수 있다. → <u>지적측량수행계획서나 측량준비파일</u>(×)

정답 ③

필살키 087 등록사항정정(2)

공간정보의 구축 및 관리 등에 관한 법령상 토지의 등록사항의 정정에 대한 설명으로 <u>틀린</u> 것은?

① 토지소유자가 지적공부의 등록사항에 잘못이 있음을 발견했을 때에는 지적소관청이나 읍·면·동장에 그 정정을 신청할 수 있다.
② 지적공부의 등록사항 중 경계나 면적 등 측량을 수반하는 토지의 표시가 잘못된 경우에는 지적소관청은 그 정정이 완료될 때까지 지적측량을 정지시킬 수 있다.
③ 지적소관청은 토지의 표시가 잘못되었음을 발견하였을 때에는 지체 없이 등록사항정정에 필요한 서류와 등록사항정정측량성과도를 작성하고, 토지이동정리결의서를 작성한다.
④ 지적소관청은 토지의 표시가 잘못되었음을 발견하였을 때에는 대장의 사유란에 '등록사항정정 대상토지'라고 적고, 토지소유자에게 등록사항정정신청을 할 수 있도록 그 사유를 통지하여야 한다.
⑤ 등록사항정정 대상토지에 대한 대장을 열람하게 하거나 등본을 발급하는 때에는 '등록사항정정 대상토지'라고 적은 부분을 흑백의 반전(反轉)으로 표시하거나 붉은색으로 적어야 한다.

해설

토지소유자가 지적공부의 등록사항에 잘못이 있음을 발견했을 때에는 <u>지적소관청</u>에 그 정정을 신청할 수 있다.
→ 읍·면·동장(✕)

정답 ①

필살키 088 지적정리의 개시

공간정보의 구축 및 관리 등에 관한 법령상 토지소유자가 하여야 하는 신청을 대위할 수 있는 자가 <u>아닌</u> 것은?

① 공공사업 등으로 인하여 학교용지·도로·철도용지·제방 등의 지목으로 되는 토지의 경우에는 그 사업시행자
② 「민법」 제404조(채권자의 대위신청)의 규정에 따른 채권자
③ 국가 또는 지방자치단체가 취득하는 토지의 경우에는 그 토지를 관리하는 행정기관의 장 또는 지방자치단체의 장
④ 「주택법」에 따른 공동주택의 부지의 경우에는 「집합건물의 소유 및 관리에 관한 법률」에 따른 사업시행자
⑤ 주차전용 건축물 부지에 대한 토지의 이동신청에 있어서 그 건물의 관리인

해설

「주택법」에 따른 '공동주택의 부지'인 경우는 「집합건물의 소유 및 관리에 관한 법률」에 따른 <u>관리인</u>(관리인이 없는 경우에는 공유자가 선임한 대표자) 또는 <u>해당 사업의 시행자</u>가 대위하여 신청할 수 있다.

[추가] 등록사항정정 대상토지에 대하여는 대위신청이 허용되지 않는다.

정답 ④

필살키 089　토지이동의 효력발생시기

공간정보의 구축 및 관리 등에 관한 법령상 도시개발사업지역 등의 토지이동 신청에 대한 설명으로 <u>틀린</u> 것은?

① 사업시행자는 도시개발사업 등을 착수·변경·완료한 때에는 그 사유가 발생한 날로부터 15일 내에 지적소관청에 신고하여야 한다.

② 사업의 착수 또는 변경의 신고가 된 토지의 소유자가 해당 토지의 이동을 원하는 경우에는 해당 사업의 시행자에게 그 토지의 이동을 신청하도록 요청하여야 한다.

③ 「주택법」에 따른 주택건설사업의 시행자가 파산 등의 이유로 토지의 이동신청을 할 수 없는 때에는 그 주택의 시공을 보증한 자 또는 입주예정자 등이 신청할 수 있다.

④ 도시개발사업 등 그 신청대상지역이 환지를 수반하는 경우에는 도시개발사업 등의 사업완료신고로써 토지의 이동신청에 갈음할 수 있다.

⑤ 도시개발사업으로 인한 토지의 이동은 지적공부를 정리한 때 이루어진 것으로 본다.

해설

도시개발사업 등으로 인한 토지의 이동은 <u>토지의 형질변경 등의 공사가 준공된 때</u> 이루어진 것으로 본다.

[정리] 토지이동의 효력발생시기

원칙		지적공부에 등록한 때(지적형식주의)
예외	축척변경	확정공고일
	도시개발사업	형질변경 등의 공사가 준공된 때

정답 ⑤

필살키 090　지적공부의 정리, 변경등기 촉탁

공간정보의 구축 및 관리 등에 관한 법령상 지적정리 및 변경등기 촉탁에 대한 설명으로 <u>틀린</u> 것은?

① 지적소관청은 토지의 이동이 있는 경우에는 토지이동정리결의서를 작성하여야 하는데, 토지이동정리결의서는 토지대장·임야대장 또는 경계점좌표등록부별로 구분하여 작성한다.

② 토지의 이동으로 지적공부를 정리하는 경우, 이미 작성된 지적공부에 정리할 수 없는 때에는 이를 새로 작성하여야 한다.

③ 매립준공인가된 토지를 신규등록하는 경우, 지적공부에 등록하는 토지의 소유자는 지적소관청이 직접 조사하여 등록한다.

④ 「국유재산법」상의 총괄청이나 중앙관서의 장이 소유자 없는 부동산에 대한 소유자 등록을 신청하는 경우 지적소관청은 지적공부에 해당 토지의 소유자가 등록되지 아니한 경우에만 등록할 수 있다.

⑤ 지적소관청은 「공유수면 관리 및 매립에 관한 법률」에 의하여 매립준공된 토지에 대하여 신규등록을 마친 후 변경등기를 촉탁하여야 한다.

해설

토지의 이동에 따라 토지의 표시를 정리한 경우는 변경등기를 촉탁하는 것이 원칙이지만, 신규등록의 경우는 아직 등기부가 개설되기 전이므로 <u>변경등기의 촉탁대상이 될 수 없다.</u>

정답 ⑤

필살키 091 지적공부의 정리

공간정보의 구축 및 관리 등에 관한 법령상 지적공부 정리 및 소유자 정리에 대한 설명으로 **틀린** 것은?

① 지적소관청은 토지소유자의 변경에 따라 지적공부를 정리하고자 하는 경우에는 미리 소유자정리결의서를 작성하여야 한다.

② 토지소유자의 변경사항은 등기관서에서 등기한 것을 증명하는 등기필증, 등기완료통지서, 등기사항증명서, 등기전산정보자료에 따라 정리한다.

③ 지적소관청이 관할 등기관서의 등기완료통지를 받은 경우 등기부에 기록된 토지의 표시가 지적공부의 등록사항과 부합하지 않은 때에는 이를 직권으로 정정하여야 한다.

④ 지적소관청은 필요하다고 인정하는 경우에는 관할 등기관서의 등기부를 열람하여 지적공부와 부동산등기부가 일치하는지 여부를 조사·확인하여야 한다.

⑤ 미등기토지의 소유자 표시가 잘못되어 이를 정정하고자 하는 경우 가족관계기록사항증명서에 따라 소유자의 신청으로 정정한다.

해설

지적소관청이 관할 등기관서의 등기완료통지를 받은 경우 등기부에 기록된 '토지의 표시'가 지적공부의 등록사항과 부합하지 않은 때에는 토지소유자를 정리할 수 없고, 불일치 사실을 관할 등기관서에 통지하여야 한다.

[추가] 지적공부와 부동산등기부의 부합 여부를 조사·확인하여 부합하지 않은 사항(= 소유자 표시 불일치)이 있는 때에는 지적소관청이 토지소유자와 그 밖의 이해관계인에게 그 부합에 필요한 신청을 요구할 수도 있고, 직권으로 이를 정정할 수도 있다.

정답 ③

필살키 092 지적정리 등의 통지

지적정리 등의 통지에 대한 설명으로 **틀린** 것은?

① 지적소관청은 토지의 표시에 관한 변경등기가 필요한 경우는 등기완료통지서를 접수한 날부터 15일 이내에 소유자에게 그 사실을 통지하여야 한다.

② 지적소관청은 토지의 표시에 관한 변경등기가 필요하지 아니한 경우는 지적공부에 등록한 날부터 7일 이내에 소유자에게 지적정리의 사실을 통지하여야 한다.

③ 지적소관청은 지적공부의 전부 또는 일부가 멸실·훼손되어 이를 복구한 때 토지소유자에게 그 사실을 통지하여야 한다.

④ 지적소관청은 시·도지사 또는 대도시 시장의 승인을 받아 지번부여지역의 전부 또는 일부에 대하여 지번을 새로 부여한 때 토지소유자에게 그 사실을 통지하여야 한다.

⑤ 지적소관청은 등기관서의 등기완료통지서에 의하여 지적공부에 등록된 토지소유자의 변경사항을 정리한 경우 그 사실을 토지소유자에게 통지하여야 한다.

해설

지적소관청은 '토지의 표시'를 직권이나 사업시행자의 신청 또는 대위신청으로 정리한 경우, 즉 소유자의 신청 외의 방법으로 정리한 경우 토지의 표시정리 사실을 토지소유자에게 통지하여야 한다.

반면, 지적소관청이 '토지소유자'를 정리한 경우는 그 정리 사실의 통지를 요하지 않는다.

정답 ⑤

필살키 093　지적측량의 종류(1)

다음 중 지적측량에 해당하는 것은 모두 몇 개인가?

┌─────────────────────────────────────┐
ⓐ 지적재조사사업에 따라 토지의 이동이 있는 경우의 측량

ⓑ 바다로 된 토지의 등록을 말소하기 위한 측량

ⓒ 지적측량수행자가 실시한 측량을 검사하기 위한 측량

ⓓ 지적기준점을 설치하기 위한 측량

ⓔ 지적공부의 등록사항을 정정하기 위한 측량

ⓕ 경계점을 지상에 복원하기 위한 측량

ⓖ 지적공부를 복구하기 위한 측량

ⓗ 모든 측량의 기초가 되는 공간정보를 제공하기 위하여 국토교통부장관이 실시하는 측량

ⓘ 연속지적도에 있는 경계점을 지상에 표시하기 위해 실시하는 측량

ⓙ 「도시 및 주거환경정비법」에 따른 정비사업 시행지역에서 토지의 이동이 있는 경우의 측량
└─────────────────────────────────────┘

① 6개
② 7개
③ 8개
④ 9개
⑤ 10개

해설

ⓗ 모든 측량의 기초가 되는 공간정보를 제공하기 위하여 국토교통부장관이 실시하는 측량을 '기본측량'이라고 하는데, 이는 지적측량 13종에 포함되어 있지 않다.

ⓙ 연속지적도를 활용하여 지적측량을 실시할 수는 없다.

정답 ③

필살키 094　지적측량의 종류(2)

지적측량에 대한 설명으로 틀린 것은?

① '지적현황측량'이란 지상건축물 등의 현황을 지상의 경계와 대비하여 표시하는 데 필요한 경우 실시하는 지적측량이다.

② '지적확정측량'이란 도시개발사업, 농어촌정비사업 그 밖에 대통령령으로 정하는 토지개발사업이 끝나 토지의 표시를 새로 정하기 위한 지적측량을 말한다.

③ 시·도지사나 지적소관청은 지적기준점성과와 그 측량기록을 보관하고 일반인이 열람할 수 있도록 하여야 한다.

④ 지적삼각점에 대한 지적측량기준점성과 또는 그 측량부를 열람하거나 등본을 교부받고자 하는 자는 시·도지사 또는 지적소관청에 신청하여야 한다.

⑤ 지적삼각보조점 및 지적도근점에 대한 지적측량기준점성과 또는 그 측량부를 열람하거나 등본을 교부받고자 하는 자는 지적소관청에 신청하여야 한다.

해설

'지적현황측량'이란 지상건축물 등의 현황을 지적도 및 임야도에 등록된 경계와 대비하여 표시하는 데 필요한 경우 실시하는 지적측량이다.

[참고] 지적기준점의 성과관리 및 열람·발급

구분	지적기준점의 성과관리	열람 및 등본 발급
지적삼각점	시·도지사	시·도지사, 지적소관청
지적삼각보조점	지적소관청	지적소관청
지적도근점		

정답 ①

필살키 095　지적측량의 절차[1]

세부측량 절차에 대한 설명으로 틀린 것은?

① 지적측량을 의뢰하려는 자는 지적측량의뢰서 (전자문서로 된 의뢰서를 포함한다)에 의뢰 사유를 증명하는 서류(전자문서를 포함한다) 를 첨부하여 지적측량수행자에게 제출하여야 한다.

② 지적측량수행자에는 한국국토정보공사와 지 적측량업의 등록을 한 자가 있다.

③ 토지소유자 등 이해관계인은 측량성과를 검사 하기 위한 검사측량이나 지적재조사사업에 따 른 지적재조사측량을 지적측량수행자에게 의 뢰할 수 없다.

④ 지적측량수행자는 지적측량 의뢰를 받은 때에 는 측량기간·측량일자 및 측량수수료 등을 적은 지적측량수행계획서를 그 다음 날까지 시·도지사에게 제출하여야 한다.

⑤ 지적측량수행자는 지적측량 의뢰를 받으면 지 적측량을 하여 그 측량성과를 결정하여야 한다.

해설
지적측량수행자는 지적측량 의뢰를 받은 때에는 측량기간· 측량일자 및 측량수수료 등을 적은 지적측량수행계획서를 그 다음 날까지 '지적소관청'에 제출하여야 한다.

정답 ④

필살키 096　지적측량의 절차[2]

지적측량성과의 검사절차 및 지적측량성과도 의 교부에 대한 설명으로 틀린 것은?

① 지적측량수행자가 지적측량을 하였으면 시· 도지사, 대도시 시장 또는 지적소관청으로부 터 측량성과에 대한 검사를 받아야 한다.

② 지적공부를 정리하지 아니하는 경계복원측량 및 지적현황측량은 검사를 받지 않는다.

③ 지적측량성과를 검사하기 위하여 필요한 경우 검사측량을 실시할 수 있는데, 이는 지적측량 에 포함되지 않는다.

④ 지적측량의 측량기간은 5일로 하며, 측량검사 기간은 4일로 한다.

⑤ 세부측량을 하기 위하여 지적기준점을 설치하 여 측량 또는 측량검사를 하는 경우, 지적기준 점이 15점 이하인 경우에는 4일을 가산한다.

해설
지적측량성과를 검사하기 위하여 필요한 경우 실시하는 측 량을 '검사측량'이라고 하는데, 이는 지적측량 13종에 포함 된다.

정답 ③

필살키 097　지적측량의 기간(1)

다음은 지적측량의 기간에 관한 내용이다. 괄호 안에 들어갈 내용으로 옳은 것은?

> (1) 지적측량의 측량기간은 5일로 하며, 측량검사기간은 (㉠)일로 한다.
> (2) 세부측량을 하기 위하여 지적기준점을 설치하여 측량 또는 측량검사를 하는 경우 지적기준점이 15점 이하인 경우에는 (㉠)일을, 15점을 초과하는 경우에는 4일에 15점을 초과하는 (㉠)점마다 1일을 가산한다.
> (3) 이와 같은 기준에도 불구하고, 지적측량 의뢰인과 지적측량수행자가 서로 합의하여 따로 기간을 정하는 경우에는 그 기간에 따르되, 전체 기간의 (㉡)은(는) 측량기간으로, 전체 기간의 (㉢)은(는) 측량검사기간으로 본다.

① ㉠ 4, ㉡ 4분의 3, ㉢ 4분의 1
② ㉠ 4, ㉡ 5분의 3, ㉢ 5분의 2
③ ㉠ 4, ㉡ 3분의 2, ㉢ 3분의 1
④ ㉠ 5, ㉡ 5분의 3, ㉢ 5분의 2
⑤ ㉠ 5, ㉡ 4분의 3, ㉢ 4분의 1

해설

(1) 「공간정보의 구축 및 관리 등에 관한 법률 시행규칙」 제25조 제3항 본문
(2) 동규칙 제25조 제3항 단서
(3) 동규칙 제25조 제4항

정답 ①

필살키 098　지적측량의 기간(2)

다음은 지적측량의 기간에 관한 내용이다. 측량기간을 연결한 것으로 옳은 것은?

> ㉠ 동지역에 소재하는 토지에 대하여 등록전환측량을 실시하려고 한다. 검사기간을 제외한 측량기간은?
> ㉡ 등록전환측량을 하기 위하여 지적측량기준점 17점을 설치하려고 한다. 검사기간을 제외한 측량기간으로 며칠을 가산하여야 하는가?
> ㉢ 동지역에 소재하는 토지에 대하여 지적측량기준점 17점을 설치하고, 등록전환측량을 실시하려고 한다. 검사기간을 제외한 전체 측량기간은?
> ㉣ 지적측량 의뢰인과 지적측량수행자가 서로 합의하여 20일로 기간을 정한 경우 그중 측량검사기간은?

① ㉠ 5일, ㉡ 5일, ㉢ 10일, ㉣ 5일
② ㉠ 5일, ㉡ 1일, ㉢ 6일, ㉣ 5일
③ ㉠ 5일, ㉡ 5일, ㉢ 10일, ㉣ 15일
④ ㉠ 5일, ㉡ 4일, ㉢ 9일, ㉣ 15일
⑤ ㉠ 4일, ㉡ 5일, ㉢ 10일, ㉣ 15일

해설

㉠ 필살키 097 (1) 규정을 적용한다. – 5일
㉡ 필살키 097 (2) 규정을 적용한다. – 5일
㉢ 필살키 097 (1) 규정과 (2) 규정을 적용한다. – 10일
㉣ 필살키 097 (3) 규정을 적용한다. – 5일

정답 ①

필살키 099　지적위원회 및 지적측량적부심사(1)

지적위원회의 구성 및 심의·의결사항에 관한 설명으로 틀린 것은?

① 지적측량에 대한 적부심사 청구사항을 심의·의결하기 위하여 시·도에 지방지적위원회를 두고, 적부재심사 청구사항을 심의·의결하기 위하여 국토교통부에 중앙지적위원회를 둔다.

② 중앙지적위원회는 위원장 1명과 부위원장 1명을 포함하여 5명 이상 10명 이하의 위원으로 구성한다.

③ 위원장 및 부위원장을 포함한 위원의 임기는 2년으로 한다.

④ 중앙지적위원회는 관계인을 출석하게 하여 의견을 들을 수 있으며, 필요하면 현지조사를 할 수 있다.

⑤ 위원장이 위원회의 회의를 소집하는 때에는 회의 일시·장소 및 심의 안건을 회의 5일 전까지 각 위원에게 서면으로 통지하여야 한다.

해설

위원장 및 부위원장을 <u>제외</u>한 위원의 임기는 2년으로 한다.

[추가1] 중앙지적위원회의 위원은 지적에 관한 학식과 경험이 풍부한 사람 중에서 국토교통부장관이 임명하거나 위촉한다.

[추가2] 위원장이 부득이한 사유로 직무를 수행할 수 없을 때에는 부위원장이 그 직무를 대행하고, 위원장 및 부위원장이 모두 부득이한 사유로 직무를 수행할 수 없을 때에는 위원장이 미리 지명한 위원이 그 직무를 대행한다.

정답 ③

필살키 100　지적위원회 및 지적측량적부심사(2)

지적측량적부(재)심사에 대한 설명으로 틀린 것은?

① 토지소유자, 이해관계인 또는 지적측량수행자는 지적측량성과에 대하여 다툼이 있을 경우 시·도지사를 거쳐 지방지적위원회에 지적측량적부심사를 청구할 수 있다.

② 토지소유자 또는 이해관계인이 지적측량적부심사를 청구하려는 경우에는 지적측량을 의뢰하여 발급받은 지적측량성과를 심사청구서에 첨부하여 제출하여야 한다.

③ 지적측량적부심사 청구서를 회부받은 지방지적위원회는 부득이한 경우가 아닌 한 그 심사청구를 회부받은 날부터 60일 이내에 심의·의결하여야 한다.

④ 시·도지사가 지적측량적부심사 의결서를 적부심사 청구인 및 이해관계인에게 통지할 때에는 90일 이내에 국토교통부장관을 거쳐 중앙지적위원회에 재심사를 청구할 수 있음을 서면으로 알려야 한다.

⑤ 의결서 사본을 송부받은 지적소관청은 그 내용에 따라 지적공부의 등록사항을 정정하거나 측량성과를 수정하여야 하는데, 이는 적부심사청구인의 신청에 의한 정정이다.

해설

의결서 사본을 송부받은 지적소관청은 그 내용에 따라 지적공부의 등록사항을 <u>직권</u>으로 정정하거나 측량성과를 수정하여야 한다(법 제29조 제10항, 영 제82조 제1항 제6호).

정답 ⑤

내가 꿈을 이루면
나는 누군가의 꿈이 된다.

– 이도준

여러분의 작은 소리
에듀윌은 크게 듣겠습니다.

본 교재에 대한 여러분의 목소리를 들려주세요.
공부하시면서 어려웠던 점, 궁금한 점,
칭찬하고 싶은 점, 개선할 점, 어떤 것이라도 좋습니다.

에듀윌은 여러분께서 나누어 주신 의견을
통해 끊임없이 발전하고 있습니다.

에듀윌 도서몰 book.eduwill.net
• 부가학습자료 및 정오표: 에듀윌 도서몰 → 도서자료실
• 교재 문의: 에듀윌 도서몰 → 문의하기 → 교재(내용, 출간) / 주문 및 배송

2024 에듀윌 공인중개사 김민석 필살키

발 행 일	2024년 8월 5일 초판
편 저 자	김민석
펴 낸 이	양형남
펴 낸 곳	(주)에듀윌
등록번호	제25100-2002-000052호
주 소	08378 서울특별시 구로구 디지털로34길 55
	코오롱싸이언스밸리 2차 3층

www.eduwill.net
대표전화 1600-6700

에듀윌 직영학원에서
합격을 수강하세요

언제나 전문 학습 매니저와 상담이 가능한 안내데스크

고품질 영상 및 음향 장비를 갖춘 최고의 강의실

재충전을 위한 카페 분위기의 아늑한 휴게실

에듀윌의 상징 노란색의 환한 학원 입구

에듀윌 직영학원 대표전화

공인중개사 학원　02)815-0600　　공무원 학원　　02)6328-0600　　편입 학원　　　　02)6419-0600

주택관리사 학원　02)815-3388　　소방 학원　　　02)6337-0600　　세무사·회계사 학원　02)6010-0600

전기기사 학원　　02)6268-1400　　부동산아카데미　02)6736-0600

공인중개사학원
바로가기

에듀윌 공인중개사
동문회 특권

1. 에듀윌 공인중개사 합격자 모임

2. 앰배서더 가입 자격 부여

3. 동문회 인맥북

업계 최대 네트워크

4. 개업 축하 선물

5. 온라인 커뮤니티

부동산 정보
실시간 공유

6. 오프라인 커뮤니티

지부/기수 정기모임

7. 공인중개사 취업박람회

8. 동문회 주최 실무 특강

9. 프리미엄 복지혜택

숙박/자기계발/의료
및 소식지 무료 구독

10. 마이오피스

동문 사무소
등록/조회

11. 동문회와 함께하는 사회공헌활동

※ 본 특권은 회원별로 상이하며, 예고 없이 변경될 수 있습니다.

에듀윌 공인중개사 동문회 | dongmun.eduwill.net
문의 | 1600-6700

에듀윌 부동산 아카데미 강의 듣기

성공 창업의 필수 코스
부동산 창업 CEO 과정

1 튼튼 창업 기초

- 창업 입지 컨설팅
- 중개사무 문서작성
- 성공 개업 실무TIP

2 중개업 필수 실무

- 온라인 마케팅
- 세금 실무
- 토지/상가 실무
- 재개발/재건축

3 실전 Level-Up

- 계약서작성 실습
- 중개영업 실무
- 사고방지 민법실무
- 빌딩 중개 실무

4 부동산 투자

- 시장 분석
- 투자 정책

부동산으로 성공하는
컨설팅 전문가 3대 특별 과정

마케팅 마스터

- 데이터 분석
- 블로그 마케팅
- 유튜브 마케팅
- 실습 샘플 파일 제공

디벨로퍼 마스터

- 부동산 개발 사업
- 유형별 절차와 특징
- 토지 확보 및 환경 분석
- 사업성 검토

빅데이터 마스터

- QGIS 프로그램 이해
- 공공데이터 분석 및 활용
- 컨설팅 리포트 작성
- 토지 상권 분석

경매의 神과 함께 '중개'에서
'경매'로 수수료 업그레이드

- 공인중개사를 위한 경매 실무
- 투자 및 중개업 분야 확장
- 고수들만 아는 돈 되는 특수 물권
- 이론(기본) - 이론(심화) -
  임장 3단계 과정
- 경매 정보 사이트 무료 이용

실전 경매의 神
안성선
이주왕
장석태